JN234077

新構造体系シリーズ

建築構造における
性能指向型設計法のコンセプト

── 仕様から性能へ ──

建設省大臣官房技術調査室 監修　(社)建築研究振興協会 編

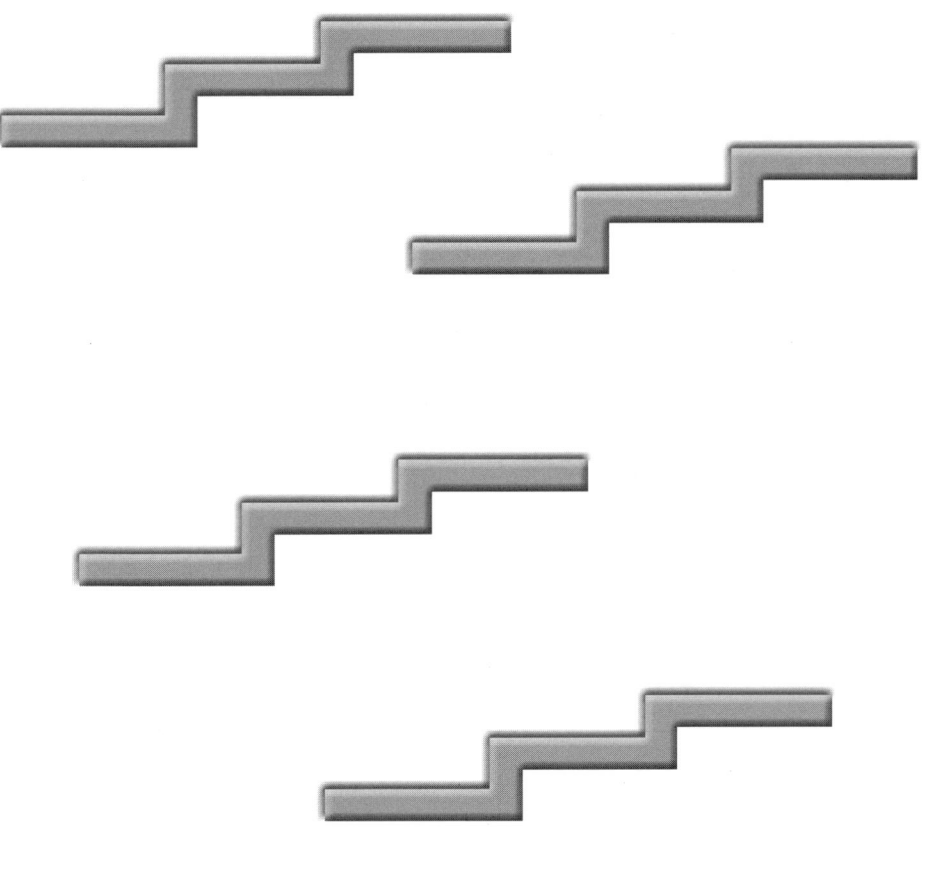

技報堂出版

監修のことば

わが国における，近年の社会・経済情勢の変化や国民の価値観の多様化に的確に応え，安全で真に豊かな国民生活の実現を目指した住宅・社会資本の整備を進めていくためには，これを支えるための技術開発の推進がますます重要となってきています．

建築構造の分野においても，ユーザーの多様な要求に対応しうるような技術革新が求められています．特に平成7年の阪神・淡路大震災において，建築構造の被害により多くの尊い生命が奪われたことで，構造安全性の重要性がより強く再認識されました．また建築物が倒壊しなくても，大きな損傷が生じて高額な修復費用が必要となったり，あるいは，地震発生直後にも機能すべき建築物が，必用な機能を発揮できなくなるといった事態もみられました．この貴重な経験により，社会から多くの問題提起がなされ，それらに適切に対処しうるような新たな技術が求められたことは記憶に新しいところです．

上記のような災害時における人命，財産，機能の保全という性能のみならず，社会経済の発展とともに，通常時の居住性や機能性，さらに経年変化に対する様々な性能の維持も重要な課題になっております．これらの多様な建築物の構造性能について，設計者が，要求される性能を把握して設計における目標性能を設定し，性能検証によりその目標が満足されることを確認するという，性能を基盤とする設計を行うことによってはじめて，これらの多様な要求に応えることが可能になるものと考えられます．

このような背景のもと，建設省では，平成7年度から平成9年度までの3ヶ年にわたって，建設省総合技術開発プロジェクト「新建築構造体系の開発」を実施してまいりましたが，この度，その成果の骨格が『建築構造における性能指向型設計法のコンセプト』として再編され，発刊されることとなりました．

その内容は，「概要（性能指向型の設計体系の必要性と提案，およびその概要）」，「目標水準設定の考え方」，「構造性能評価指針案」，「性能指向型設計法のための社会機構の方向性」という構成でわかりやすくまとめられております．さらに別巻として「構造性能評価指針案」を鉄筋コンクリート造建築物に適用する場合に必要となる，応答値の推定手法ならびに限界値の設定手法に係わる技術的情報と，その具体の適用例が，『鉄筋コンクリート造建築物の性能評価ガイドライン』としてまとめられております．

本書が，建築構造技術者の方々に広く活用され，重要な社会資本である建築構造の性能の価値が適切に理解され，必要な性能を保有した建築物の普及に寄与することを期待します．

平成12年7月
建設省大臣官房技術調査室

編集・出版にあたって

　新構造体系シリーズの出版は，建設省総合技術開発プロジェクト「新建築構造体系の開発」（以下，「新構造総プロ」）の成果である「性能指向型の設計体系」を，広く設計実務者や建築の発注に関わる関係者あるいは一般の方々に，ご理解いただくことを意図して計画されました．

　社会・経済の発展に伴って国民の価値観も多様化し，建築構造に関する様々な性能，つまり，より安全であること，居住性がよいこと，要求した機能に対応できるあるいは財産の保全の観点からも優れているということなどが，求められるようになっています．このような状況において，建築関係者や一般の方々が求めるあらゆる建築物の構造性能を適格に充足しうるような，新しくかつ質の高い建築構造の設計を目指すのが，性能指向型の設計体系です．

　本書は，その性能指向型の設計体系の考え方をまとめたものであり，設計実務者の方はもとより，建築に様々な形で携わる建築関係者の方々に，その考え方をご紹介することを念頭において再編集されたものです．また同時に，鉄筋コンクリート造を例に性能指向型の設計に活用できる技術資料と設計例をまとめた『鉄筋コンクリート造建築物の性能評価ガイドライン』が別巻としてまとめられております．

　平成10年6月に建築基準法の改正が行われ，そのうちの構造関係規定については，平成12年6月に施行されておりますが，本書はその改正された建築基準法の解説ではありません．建築基準法は，「国民の生命，健康および財産の保護を図り，もって公共の福祉の増進に資する」ための最低限の基準を定めたものですが，本書は，あらゆる種類およびあらゆるレベルの構造性能をも対象とする性能指向型の設計の考え方を述べ，より強く性能を指向した設計という将来のヴィジョンを語るものであります．

　本書が，性能指向型の建築構造設計体系の普及に寄与しますことを，また，社会の要求に合致する質の高い建築構造設計が行われる一助となりますことを祈っております．

平成12年7月
㈳建築研究振興協会
会長　竹　林　　寛

はじめに（発刊の経緯）

　近年，建築構造に関する社会のニーズが多様化し，すなわち，消費者がより高度な安全性，居住性や機能性，あるいは財産の保全や適切なコスト等を求めるようになってきています．それに応える建築構造技術の進歩も著しく，新素材・新材料の開発，新しい構造方法の開発，新しい構造設計方法の提案など，様々な側面で技術開発が進んでいます．このような状況を背景に，建築構造に関し，必要とされる性能を明示し，その実現方策は原則的に自由にして新材料および新しい構造方法や設計方法の利用を可能にする，性能指向型の設計体系が求められるようになってきています．

　これまで汎用されてきた構造設計は，主として許容応力度法を基本にした仕様書型の設計法によっており，設計された建築構造の保有する性能を明確にする設計体系となっていませんでした．地震等の外力の不確定さなどがあるとはいえ，耐震性能などの構造性能が明確化されないままに，建築物の設計，生産にあたるという状況は，技術として近代的ではないと言わざるをえませんでした．このように建築構造の保有性能が不明確であったことが，建築物の企画・設計や購入，選定等の段階で，構造性能の項目や水準を，建築物の価値の評価尺度として考慮することを困難にし，結果として，市場において，コストに見合ったよりよい構造性能を有する建築物を指向するという考え方の定着を，妨げてきたと言えましょう．

　これらの状況を背景として，消費者は自らが必要とする性能とコストを理解して，建築物を求めることができ，一方技術の側にとっては，より自由度が高く，技術開発の促進や国際調和に対応することができることが求められてきました．その結果として，建築構造技術をとりまく経済の世界に市場原理が機能するような設計体系を確立することを目的として，平成7年度から3ヶ年で，建設省総合技術開発プロジェクト「新建築構造体系の開発」（以下，「新構造総プロ」という）が実施されました．

　この新構造総プロは，建築構造に係わる性能を広くとらえて検討し，建築構造に要求される性能を明確にすることにより，性能を基盤とした自由な市場の醸成を可能とする建築構造体系の開発を行おうとするものでありました．性能を明確にした設計体系により，新しい技術の開発，導入が進むことが予想されるとともに，コストと保有性能のバランスを意識したコストパフォーマンスの概念の導入が期待されます．その結果，建築構造の設計時の性能が明確に示され，消費者（建築主，使用者）がその性能とその実現（設計，監理，施工）にかかるコストを理解したうえで，建築物が造られる状況が創出されることを目的としたものでありました．そのために，建築構造への要求の把握，性能とその水準の明確な設定，性能の適切な評価と表示に重点をおいた建築構造設計体系を提示することとしました．

　本プロジェクトの実施にあたって，㈶日本建築センターに総合委員会［委員長：岡田恒男　芝浦工業大学教授］を設置しました．その傘下に，主として建築構造への要求を把握する考え方の整理と性能の水準の設定に関する研究を行う目標水準分科会［主査：青木義次　東京工業大学教授，事務局：㈶国土開発技術研究センター］，主として建築構造の性能の評価に関する研究を行う性能評価分科会［主査：秋山宏　東京大学教授（現日本大学大学院教授），事務局：㈶日本建築センター］，主として性能指向型の建築構造設計体系が円滑に機能するための社会機構の研究を行う社会機構分

科会［主査：矢野克巳　㈱日建設計顧問（現矢野建築コンサルタンツ），事務局：㈶日本建築センター］の3分科会を設置しました．さらに必要に応じて各分科会にはWGを設置して研究を行ってきました．

新構造総プロにおいて設定された研究課題は，以下の4つであります．

① 性能指向型の建築構造設計体系
② 建築構造に要求される性能の考え方
③ 性能の水準の設定と性能評価の枠組
④ 性能を基盤とした体系のための新たな社会機構

これらの研究課題に対して，以下のような方針で研究を行いました．

(1) 性能指向型の建築構造設計体系

総合委員会を中心に各分科会でも検討することとし，建築構造に要求される性能の把握，設計の目標とする性能の設定，設計された建築構造の性能評価，建築構造が保有した性能の表示という設計の基本的な枠組と，それらが円滑に機能するための社会機構の必要性を提示することとしました．

(2) 建築構造に要求される性能の考え方

主に目標水準分科会で検討することとし，目標水準設定の考え方の基本的な枠組み，建築物の所有者や使用者の考え方の認識，現行水準の性能の把握，一般の社会に潜在する様々な危険と建築構造に関係する危険に関する考え方の整理，費用と性能の関係に基づいた考え方の検討などの研究を行うこととしました．

(3) 性能の水準の設定と性能評価の枠組

主に性能評価分科会で検討することとし，性能評価の意義を整理し，性能評価の対象とすべき目標構造性能と限界状態に基づく評価項目を整理し，性能評価の方法，性能表示に関する基本的な考え方を提示することとしました．

(4) 性能を基盤とした体系のための新たな社会機構

主に社会機構分科会で検討することとし，現在の社会機構の実態調査結果を参考としつつ，新たな体系化において社会機構が備えるべき要件を整理し，その機能が発揮されるための枠組を，設計実務のタイプやプロセスに応じて提示することとしました．

本書は，上記の総合委員会および3つの分科会（目標水準分科会，性能評価分科会，社会機構分科会）の3年間の研究の成果を再編集したものであります．さらに別巻として，「構造性能評価指針案」を鉄筋コンクリート造建築物に適用する場合に必要となる，応答値の推定手法ならびに限界値の設定手法に係わる技術的情報と，その具体の適用例が，『鉄筋コンクリート造建築物の性能評価ガイドライン』としてまとめられております．

本書が建築構造技術者の方々に広く活用され，性能を明確にした設計の考え方が普及し，建築構造の技術開発が促進され，設計の自由度が増し，国際調和が図られ，その価値が適切に理解される建築構造が社会資本として蓄積されることを期待する次第であります．

平成12年7月
㈳建築研究振興協会
建築構造における性能指向型設計法のコンセプト編集委員会
委員長　岡田恒男

建築構造における
性能指向型設計法のコンセプト　編集委員会

委員長	岡田　恒男	芝浦工業大学工学部建築工学科	
委　員	青木　義次	東京工業大学工学部建築学科	
	秋山　　宏	日本大学大学院総合理工学研究科	
	矢野　克巳	矢野建築コンサルタンツ	
幹　事	平石　久廣	建設省建築研究所基準認証研究センター	
	勅使川原正臣	建設省建築研究所第三研究部	
	五條　　渉	建設省建築研究所基準認証研究センター	
	藤谷　秀雄	建設省建築研究所基準認証研究センター	
	福山　　洋	建設省建築研究所第四研究部	
	斉藤　大樹	建設省建築研究所第三研究部	

　本書のもととなった研究は，平成7年度から平成9年度にかけて，新構造総プロの総合委員会，目標水準分科会，性能評価分科会，社会機構分科会で実施されたもので，それぞれの研究成果が再編集され，第1章から第4章にまとめられている．

　以下に新構造総プロの総合委員会と分科会の委員構成を示す．ただし所属は，特記なき場合，平成10年3月時点のものである．

総合委員会　委員名簿

(順不同：敬称略)

委員長	岡田　恒男	芝浦工業大学工学部建築工学科教授
委　員	青木　義次	東京工業大学工学部建築学科教授・目標水準分科会主査
	秋山　　宏	東京大学大学院工学系研究科建築学専攻教授・性能評価分科会主査
	小谷　俊介	東京大学大学院工学系研究科建築学専攻教授
	岡本　　伸	㈶日本建築センター理事・建築技術研究所所長（平成7～8年度）
	三村　由夫	㈶日本建築センター理事・建築技術研究所所長（平成9年度）
	神田　　順	東京大学大学院工学系研究科建築学専攻教授
	坂本　　功	東京大学大学院工学系研究科建築学専攻教授
	杉村　義広	東北大学大学院工学研究科都市・建築学専攻教授
	村上　雅也	千葉大学工学部建築工学科教授

	矢野	克巳	㈱日建設計顧問・社会機構分科会主査
	内田	直樹	㈱日建設計理事
	大越	俊男	㈱日本設計取締役構造設計群総轄部長
	可児	長英	㈱東京建築研究所取締役（平成7～8年度）
	寺本	隆幸	東京理科大学工学部2部建築学科教授
	安部	重孝	㈱竹中工務店東京本店設計部主監
	斉田	和男	清水建設㈱設計本部副本部長
	菅野	忠	鹿島建設㈱設計・エンジニアリング総事業本部技師長
	計良	光一郎	新日本製鐵㈱建材開発技術部専門部長
	加古	貴一郎	建設省大臣官房技術調査室技術調査官（平成8～9年度）
	釜谷	智弘	建設省大臣官房技術調査室技術調査官（平成7年度）
	羽山	眞一	建設省大臣官房官庁営繕部建築課課長補佐（平成9年度）
	林	理	建設省大臣官房官庁営繕部建築課課長補佐（平成7～8年度）
	井上	勝徳	建設省住宅局建築指導課課長補佐
幹事	平石	久廣	建設省建築研究所第三研究部長
	山内	泰之	建設省建築研究所企画部長
	大橋	雄二	建設省建築研究所第三研究部振動研究室長
	平野	吉信	建設省建築研究所第一研究部住宅情報システム研究官
	勅使川原正臣		建設省建築研究所第三研究部構造研究室長
	五條	渉	建設省建築研究所第一研究部建設経済研究室長
	藤谷	秀雄	建設省建築研究所第四研究部住宅建設研究室主任研究員
	福山	洋	建設省建築研究所国際地震工学部第一耐震工学室主任研究員
	斉藤	大樹	建設省建築研究所第三研究部振動研究室主任研究員
協力委員	青木	洋一	建設省建築研究所第三研究部受入研究員（平成9年度）
	高橋	郁夫	建設省建築研究所第三研究部受入研究員（平成8年度）
	日高	雅樹	建設省建築研究所第三研究部受入研究員（平成8年度）
（事務局）			㈶日本建築センター

目標水準分科会　委員名簿

（順不同：敬称略）

主査	青木	義次	東京工業大学工学部建築学科教授
委員	江本	哲也	市邨学園短期大学生活文化学科助教授（平成9年度）
	可児	長英	㈱東京建築研究所取締役（平成7～8年度）
	神田	順	東京大学大学院工学系研究科建築学専攻教授
	河野	守	名古屋大学大学院地圏環境工学専攻助教授（平成9年度）
	杉山	俊幸	山梨大学工学部土木環境工学科助教授
	高田	毅士	清水建設㈱和泉研究室主任研究員
	高橋	郁夫	清水建設㈱和泉研究室研究員（平成9年度）
	高橋	徹	千葉大学工学部建築学科助教授

	谷　明勲	神戸大学工学部建設学科助教授（平成9年度）
	浜田　信義	㈱日建設計防災計画室長
	松本　光平	明海大学不動産学部教授
	加古貴一郎	建設省大臣官房技術調査室技術調査官（平成8～9年度）
	釜谷　智弘	建設省大臣官房技術調査室技術調査官（平成7年度）
	羽山　眞一	建設省大臣官房官庁営繕部建築課課長補佐（平成9年度）
	林　理	建設省大臣官房官庁営繕部建築課課長補佐（平成7～8年度）
	井上　勝徳	建設省住宅局建築指導課課長補佐
幹　事	平石　久廣	建設省建築研究所第三研究部長
	山内　泰之	建設省建築研究所企画部長
	辻本　誠	建設省建築研究所第五研究部防火研究調整官
	大橋　雄二	建設省建築研究所第三研究部振動研究室長
	藤谷　秀雄	建設省建築研究所第四研究部住宅建設研究室主任研究員
	斉藤　大樹	建設省建築研究所第三研究部振動研究室主任研究員
協力委員	青木　洋一	建設省建築研究所第三研究部受入研究員（平成9年度）
	高橋　郁夫	建設省建築研究所第三研究部受入研究員（平成8年度）
	日高　雅樹	建設省建築研究所第三研究部受入研究員（平成8年度）
（事務局）		㈶国土開発技術研究センター
（オブザーバー）		㈶日本建築センター

性能評価分科会　委員名簿

（順不同：敬称略）

主　査	秋山　宏	東京大学大学院工学系研究科建築学専攻教授
委　員	石丸　辰治	日本大学理工学部建築学科教授
	小谷　俊介	東京大学大学院工学系研究科建築学専攻教授
	神田　順	東京大学大学院工学系研究科建築学専攻教授
	坂本　功	東京大学大学院工学系研究科建築学専攻教授
	杉村　義広	東北大学大学院工学研究科都市・建築学専攻教授
	田村　幸雄	東京工芸大学工学部建築学科教授
	松島　豊	筑波大学構造工学系教授
	和田　章	東京工業大学建築物理研究センター教授
	渡辺　史夫	京都大学大学院工学研究科建築学専攻教授
	小倉　桂治	大成建設㈱設計本部構造設計第一部長
	大竹　章夫	住友金属工業㈱建設技術部次長
	辻　英一	㈱安井建築設計事務所取締役構造部長
	寺本　隆幸	東京理科大学工学部2部建築学科教授
	加古貴一郎	建設省大臣官房技術調査室技術調査官（平成8～9年度）
	釜谷　智弘	建設省大臣官房技術調査室技術調査官（平成7年度）
	羽山　眞一	建設省大臣官房官庁営繕部建築課課長補佐（平成9年度）

	林　　　理	建設省大臣官房官庁営繕部建築課課長補佐（平成7〜8年度）
	井上　勝徳	建設省住宅局建築指導課課長補佐
幹　　事	平石　久廣	建設省建築研究所第三研究部長
	山内　泰之	建設省建築研究所企画部長
	大橋　雄二	建設省建築研究所第三研究部振動研究室長
	勅使川原正臣	建設省建築研究所第三研究部構造研究室長
	藤谷　秀雄	建設省建築研究所第四研究部住宅建設研究室主任研究員
	福山　　洋	建設省建築研究所国際地震工学部第一耐震工学室主任研究員
WG幹事	岡田　　恒	建設省建築研究所第三研究部複合構造研究官
	大川　　出	建設省建築研究所国際地震工学部応用地震学室長
	伊藤　　弘	建設省建築研究所第五研究部防火研究室長
	向井　昭義	建設省建築研究所第三研究部耐風研究室長
	田村　昌仁	建設省建築研究所第三研究部基礎研究室主任研究員
	河合　直人	建設省建築研究所第三研究部耐風研究室主任研究員
協力委員	青木　洋一	建設省建築研究所第三研究部受入研究員（平成9年度）
	高橋　郁夫	建設省建築研究所第三研究部受入研究員（平成8年度）
	日高　雅樹	建設省建築研究所第三研究部受入研究員（平成8年度）
（事務局）	㈶日本建築センター	

社会機構分科会　委員名簿

（順不同：敬称略）

主　査	矢野　克巳	㈱日建設計顧問
委　員	古阪　秀三	京都大学大学院工学研究科建築学専攻助教授
	安部　重孝	㈱竹中工務店東京本店設計部主監
	山東　和朗	㈳日本建築士会連合会専務理事
	嶋崎　邦明	東京都都市計画局建築指導部建築防災課専門副参事（平成7〜8年度）
	春原　匡利	東京都都市計画局建築指導部建築防災課専門副参事（平成9年度）
	辻　　英一	㈱安井建築設計事務所取締役構造部部長
	内藤　一義	三井海上火災保険㈱公務1部　課長（平成7〜9年度）
	峰政　克義	㈶住宅総合研究財団特別顧問
	大越　俊男	㈱日本設計取締役構造設計群総括部長（平成9年度）
	加藤　光一	サンエンジニアリング㈱代表取締役（平成9年度）
	加藤　輝夫	三井海上火災保険㈱公務1部　課長（平成9年度）
	菅野　　忠	鹿島建設㈱設計・エンジニアリング総事業本部技師長（平成9年度）
	寺本　隆幸	東京理科大学工学部2部建築学科教授（平成9年度）
	吉田　正良	㈶日本建築センター理事
	加古貴一郎	建設省大臣官房技術調査室技術調査官（平成8〜9年度）
	釜谷　智弘	建設省大臣官房技術調査室技術調査官（平成7年度）
	辻川　孝夫	建設省大臣官房官庁営繕部監督課課長補佐

	井上　勝徳	建設省住宅局建築指導課課長補佐
幹　　事	平石　久廣	建設省建築研究所第三研究部長
	山内　泰之	建設省建築研究所企画部長
	平野　吉信	建設省建築研究所第一研究部住宅情報システム研究官
	大橋　雄二	建設省建築研究所第三研究部振動研究室長
	五條　　渉	建設省建築研究所第一研究部建設経済研究室長
	藤谷　秀雄	建設省建築研究所第四研究部住宅建設研究室主任研究員
	小豆畑達哉	建設省建築研究所第三研究部振動研究室研究員
協力委員	青木　洋一	建設省建築研究所第三研究部受入研究員（平成9年度）
	高橋　郁夫	建設省建築研究所第三研究部受入研究員（平成8年度）
	日高　雅樹	建設省建築研究所第三研究部受入研究員（平成8年度）
（事務局）		㈶日本建築センター

用　　語

(1) **各章で用いられる共通の用語**

要求性能（required performance）
　　建築物の建築主や使用者または国や自治体などが，建築構造に求める性能．

目標性能（target performance）
　　建築物の構造設計において，目標とする性能．常時の荷重に対する使用性や機能性，まれに発生する荷重に対する安全性など．

目標性能の水準（target performance level）
　　建築物の構造設計において目標とする性能の程度．

性能評価（performance evaluation）
　　設定された建築物の各限界状態が，対応する荷重・外力に対し，確保されていることを検証し，建築物の有する性能を明らかにすること．

性能の表示（performance statement）
　　建築物が保有する性能を，性能評価に基づき性能評価項目ごとに示すこと．

(2) **主に第2章で用いられる目標水準設定の考え方に関する用語**

超過確率（probability of exceedance）
　　確率的な事象がある閾値を超過する確率をいう．特に，荷重に対する建築物の応答が性能の限界状態を超過する場合には，破壊確率と呼ばれる．荷重の発生頻度やばらつき，建築物の耐力や変形能のばらつきなどから確率論に基づき計算される．

再現期間（return period）
　　ある大きさの確率的な事象の発生が，平均して1度想定される期間の長さをいう．1年当りの超過確率の逆数になる．設計荷重の大きさを決める際の尺度として用いられることがある．

総費用最小化原理（principle of minimum total cost）
　　建築物の性能水準を決める際に，経済性の観点から合理的な水準を決める1つの方法であり，建設費や予想される被害費用の期待値を加えた総費用の期待値が最も小さくなる水準を定めること．

バックグラウンドリスク（background risk）
　　自然災害や病気等に対する危険性の程度など，社会生活上において潜在的に存在していると考えられる危険．例えば人口百万人当りの年間死者数は，国・民族には固有の生活慣習や経済状況・自然状況などがあるため，国ごとに異なる．

重要度係数（importance factor）
　　建築物の重要性や用途に応じて性能の水準を設定するために設計上用いられる係数．用途係数と呼ぶこともある．

被害の加害性（damage to surroundings）
　　個々の建築物の被害が外部に波及すること．例えば，地震時の隣接建物への倒れ込みや火災の

延焼，外装材やガラスの落下などがあげられる．

修復不可能な被害（irreparable damage）
　　人命や貴重な文化財産など，一度失ったら元に修復することが不可能で代替性のないものの被害をいう．コストに換算できる被害とは分けて考える必要がある．

(3) 主に第3章で用いられる構造性能評価に関する用語

基本構造性能（basic structural performance）
　　建築物への様々な作用に対し，人命の保護，財産の保全および機能・居住性の確保を図るために建築構造に要求される独立した基本性能で，安全性，修復性，使用性をいう．

安 全 性（safety）
　　建築物の内外の人命に直接及ぼす危険の回避を目的とする基本構造性能．

修 復 性（reparability）
　　建築物が受ける損傷からの修復のしやすさを目的とする基本構造性能．

使 用 性（serviceability）
　　建築物の機能および居住性の確保を目的とする基本構造性能．

評価対象（evaluation object）
　　性能評価の対象となる建築物またはその部分（支持地盤を含む）．具体的には，構造骨組，建築部材（構造部材，内外装材），設備機器，什器，地盤をいう．

性能評価項目（performance evaluation item）
　　評価対象と基本構造性能との組合せ．例えば，「構造骨組の安全性」．

限界状態（limit state）
　　構造性能を規定する建築物の状態で，各基本構造性能に対応して定める．

荷重および外力（load and external force）
　　建築物の状態変化を引き起こしうる力学的作用．地震動等の外乱効果も含む．

応 答 値（response value）
　　荷重および外力により建築物またはその一部に生じる応答を応力，変位，加速度などの工学量で表したもの．

限 界 値（limit value）
　　限界状態を表す工学量．

(4) 主に第4章で用いられる社会機構に関する用語

社会機構（institutional framework and supporting systems for performance-based engineering）
　　性能を基盤とする新たな構造設計体系が円滑に運用され，普及するために必要な様々な社会システム．すなわち，性能指向型設計実務を現実に実行可能なものとするために必要な社会的仕組（制度），ルール等．

性能指向型設計実務（performance-based structural design practice）
　　目標性能の実現を目標とした建築構造設計の実務．狭義の設計のほか，目標性能の設定，施工時の品質管理方法の決定等を含む．

建築生産（building production）
　　建築物が計画され，設計，施工等の段階を経て，完成するまでの一連のプロセスの総称．

参照技術情報（technical reference information）
　　性能指向型設計実務の遂行に際して利用する技術的情報．法令，各種技術規準，規格等のほか，使用材料の特性データ，各種研究報告・論文等を含む．

顧　　客（customers）
　　建築主（発注者または建築物の所有者），建築物の購入者，テナント，利用者等の総称

第三者（機関）（independent bodies）
　　顧客からも，設計実務の遂行者からも独立性をもって業務（サービスの提供）を行う者（機関）．法令執行機関，技術評価機関，材料・製品の試験機関等

ピア・レビュー（peer review）
　　本人以外の性能指向型設計実務の遂行者により行われる，実務の内容についての評価

プロジェクト与条件（given conditions for a project）
　　プロジェクトの初期の計画段階で与えられる条件．顧客の性能，予算，工期等に関するニーズや期待，法令を含む社会的要求，立地・地域性等から構成される．意匠設計の設計条件が構造設計の与条件となる場合がある．

設計条件（design criteria）
　　与条件を総合的に勘案して明確化される設計のための条件．各計画分野ごとに設定される計画目標，目標コスト，目標工期等から構成される．構造性能に関する目標性能を含み，顧客と設計者の間で合意される．

設　計　解（design solutions）
　　設計条件に基づき設計された成果物．設計図書，すなわち，設計図面，仕様書（工事段階での品質管理方法等を含む）およびその他の伝達情報の形を取る．

検　　証（verification）
　　設計解の保有する性能が設計条件として設定された目標性能を満足することを証明すること．

技術ツール（technical tool）
　　性能指向型設計実務の遂行に際して利用する各種の技術的支援手段．電算プログラム，各種外部サービス等を含む．

目　　次

第1章　概　　要

1節　性能指向型の建築構造設計体系の必要性 …………………………………………… 3
 1.1　これまでの状況と背景　3
 1.2　建築構造設計体系のあるべき状態　4

2節　性能指向型の建築構造設計体系の概要 ……………………………………………… 6
 2.1　基本事項　6
 2.2　目標性能とその水準の設定　7
 2.3　目標性能とその水準を達成するための構造の計画　7
 2.4　性能評価　8
 2.5　性能表示　8
 2.6　社会機構　8
 2.7　まとめ　9

第2章　目標水準設定の考え方

1節　目標水準設定の基本的枠組 ………………………………………………………… 13
 1.1　はじめに　13
 1.2　目標水準設定に関する前提事項の整理　13
  1.2.1　建築構造設計　13
  1.2.2　構造設計における建築主に対する設計者の役割　14
  1.2.3　建築構造物に求められる役割と2つの側面　14
 1.3　構造性能の目標水準の基本枠組　15
  1.3.1　構造性能の目標水準の基本認識枠組　15
  1.3.2　構造性能の目標水準設定における判断形式　16
  1.3.3　複数の評価指標のもとでの最適規準　17
 1.4　構造性能水準の設定において考慮すべき事項　17
  1.4.1　現象の確率論的把握　17
  1.4.2　構造性能水準の設定において参考にすべき事項　18

2節　目標水準設定に係わる基礎的検討 ………………………………………………… 19
 2.1　安全性に対する住民等の意識の把握から得られた知見　19
 2.2　水準設定の法的考察と経済学的考察から得られた知見　20

3節　目標水準設定において考慮すべき事項 …………………………………………… 23
 3.1　これまで経験的につくられてきた構造物の性能　23
  3.1.1　基本的な考え方　23
  3.1.2　構造性能水準評価において考慮すべき不確定要因　23
  3.1.3　確率論に基づく構造性能水準評価　24
  3.1.4　従来の設計法による建築物の構造性能水準　25

3.1.5　現行建築物の構造性能水準の評価事例　25
　3.2　バックグラウンドリスクからみた安全水準の検討　29
　　　3.2.1　基本的な考え方　29
　　　3.2.2　死亡リスクのとらえ方と表現方法　30
　　　3.2.3　各種死亡リスクの最近の動向　31
　　　3.2.4　リスク比較とリスク規制に関する問題点　34
　3.3　建築物の使用期間に生じる総費用　36
　　　3.3.1　基本的考え方　36
　　　3.3.2　総費用の考え方　36
　　　3.3.3　総費用を最小化する性能水準の傾向　38
　　　3.3.4　総費用最小化による目標水準設定の事例　39

第3章　構造性能評価指針案

序「構造性能評価の意義」……………………………………………47
1節　総　　則 …………………………………………………………48
　1.1　目　　的　48
　1.2　構造性能評価の流れ　49
2節　目標構造性能 ……………………………………………………51
　2.1　基本構造性能　51
　2.2　性能評価項目　54
　2.3　構造性能の水準　54
3節　限　界　状　態 …………………………………………………57
　3.1　限界状態の種類　57
　3.2　安全限界状態　58
　　　3.2.1　構造骨組の安全限界状態　58
　　　3.2.2　建築部材の安全限界状態　58
　　　3.2.3　設備機器の安全限界状態　59
　　　3.2.4　什器の安全限界状態　59
　　　3.2.5　地盤の安全限界状態　60
　3.3　修復限界状態　61
　　　3.3.1　構造骨組の修復限界状態　61
　　　3.3.2　建築部材の修復限界状態　61
　　　3.3.3　設備機器の修復限界状態　61
　　　3.3.4　什器の修復限界状態　62
　　　3.3.5　地盤の修復限界状態　63
　3.4　使用限界状態　63
　　　3.4.1　構造骨組の使用限界状態　63
　　　3.4.2　建築部材の使用限界状態　64
　　　3.4.3　設備機器の使用限界状態　65
　　　3.4.4　什器の使用限界状態　65
　　　3.4.5　地盤の使用限界状態　66

4節　荷重および外力 ･･･ 67
  4.1　固 定 荷 重　67
  4.2　積 載 荷 重　67
  4.3　積 雪 荷 重　69
  4.4　風圧力（風荷重）　70
  4.5　地震動（地震荷重）　72
  4.6　地盤に起因する荷重・外力　75
  4.7　その他の荷重　78
  4.8　荷重および外力の組合せ　78

5節　応答値の算定 ･･ 80
  5.1　原　　　則　80
  5.2　積載荷重に対する応答値の算定　81
  5.3　積雪荷重に対する応答値の算定　81
  5.4　風圧力に対する応答値の算定　81
  5.5　地震動に対する応答値の算定　83

6節　限界値の設定 ･･ 85
7節　限界値と応答値の比較評価の方法 ････････････････････････････････････ 88
8節　性能の表示 ･･ 92

第4章　性能指向型設計法のための社会機構の方向性

1節　は じ め に ･･ 99
2節　性能指向型「設計実務」のモデル化 ･･････････････････････････････････ 100
  2.1　設計関連情報の3つのフェーズ（相）　100
  2.2　性能指向型「設計実務」のプロセスの内容　101
3節　性能指向型「設計実務」のタイプ分類 ････････････････････････････････ 102
4節　新たな「社会機構」に期待される機能・役割 ･･････････････････････････ 103
5節　新たな「社会機構」を構成する機能別システム例 ･･････････････････････ 105
6節　「設計実務」や「社会機構」の現状 ･･････････････････････････････････ 108
7節　「社会機構」の整備の方向と今後の課題 ･･････････････････････････････ 111

今後の課題 ･･ 113

付　　録 ･･ 117
  付－1　新構造総プロの経緯　119

謝　　辞 ･･ 121

第1章

概　　要

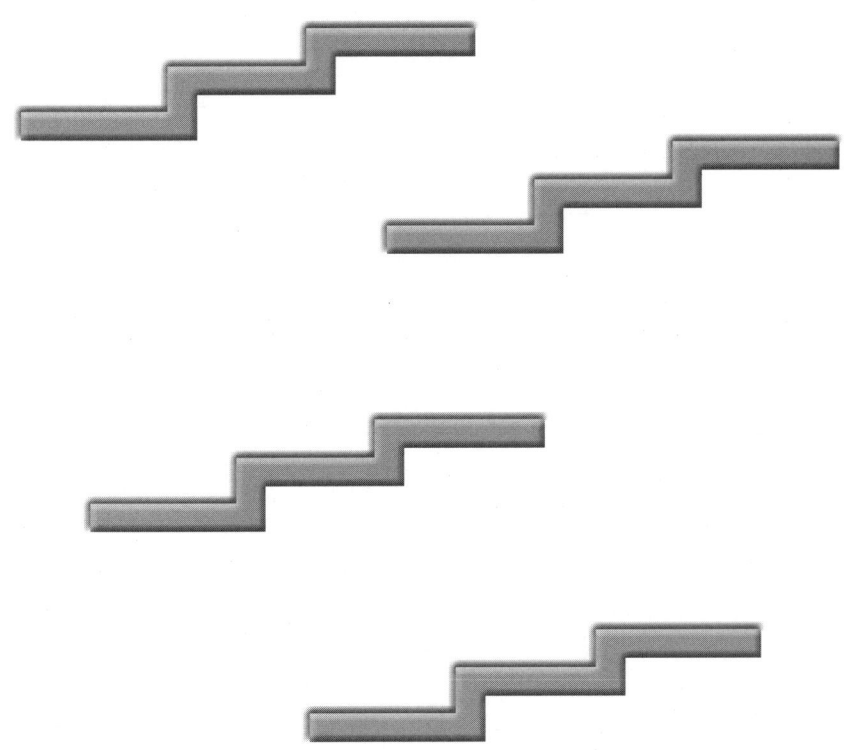

1節　性能指向型の建築構造設計体系の必要性

　建設省総合技術開発プロジェクト「新建築構造体系の開発」（以下「新構造総プロ」という）の推進にあたり，多様な角度から新たな建築構造設計体系のあり方を研究してきたが，その結論として，性能指向型の建築構造設計体系の必要性を認識し提示した．これらの概要を本章に整理する．

1節　性能指向型の建築構造設計体系の必要性

　建築構造に要求される主要な性能として，人命の安全に係わる性能，機能・居住性の維持に係わる性能，財産の保全に係わる性能の3つを考えることができる．個々の建築物は，この3つについて，それぞれに一定の性能を保有している．

1.1　これまでの状況と背景

　建築構造の性能については，これまで以下のような状況にあったと考えられる．

(1) **設計において性能が明確にされていない**

　その建築構造が，どのような時にどのように挙動するかということが不明確である場合が多い．これは従来の設計体系においては，設計が決められた手順をたどるような形で行われ，設計の手順には適合しているが，例えば地震動が作用した時の建築物の挙動が明確に検討されていないなど，性能が不明確なまま設計が行われるのが一般的であった．つまり構造設計者が，自らが設計したものがもつ性能を把握しておらず，これは技術として近代的ではない．建築物の所有者にとっても，建築物に求める性能は様々であると考えられるが，自らが所有しようとするものの性能がわからないままにあることは不幸なことであろう．

　これには以下のような背景が考えられる．建築構造の性能の多くは，大きな荷重・外力を受けた時に顕在化する．例えば，耐震性能は建築物が大きな地震動にさらされて初めて明らかになる．地震動等の荷重・外力の発生がまれで，複雑な特性をもち，予測が困難であった．またそうした荷重・外力を受けた際の建築構造の挙動に対する予測も困難であったことなどから，これらの建築構造の性能を明確に評価するための技術が体系的に整備されていなかった．また一方では建築基準法や各種規準類および技術慣行により，特に性能を意識しなくてもある程度の構造の安全性能が確保されていたことも背景にあると考えられる．

(2) **消費者（所有者，使用者等）にわかりにくい**

　(1)の結果でもあるが，消費者に建築構造に関する説明が行われていない場合が多く，したがって消費者に理解されてこなかった．平成7年1月に発生した兵庫県南部地震による建築物の構造被害とそれに係わる消費者の経験の中には，この状況が現実の問題としてみられた．例えば「大地震でも大丈夫」といった時，消費者は，わずかのひび割れも発生せず財産価値も低下しないと考えている場合もある一方で，建築の専門家は，構造躯体が損傷を受けても倒壊に至らなければよいと考えている，というような認識の相違がみられた．それが社会的混乱を招いたと思われる．

　これには以下のような背景が考えられる．設計で性能そのものが明確になっていなかったことに

加えて，建築構造は専門的技術の問題として，消費者に対して情報を提示してこなかったこと，建築構造の性能を顕在化させるような大きな荷重・外力が発生することはきわめてまれであることから，消費者が関心をもちにくく，建築構造の性能に関する情報があまり必要とされていなかったことなどである．また法令の基準や設計の内容が専門的であるため，消費者に十分伝えられる形ではなかったことも原因と考えられる．さらに特に意識しなくても，法令等により一定の安全性が確保されているとの安心感があり，消費者が関心をもたなかったことも否定できないであろう．

(3) 建築構造の性能が価値判断の材料になっていない

市場原理の中に建築構造の性能の概念が希薄である．建築物の建設や購入にあたって，例えば，適度な広さ，便利な平面計画や設備の充実度などに比べて，耐震性能のような建築構造の性能が価値判断の材料に位置づけられることが少なかった．その結果，他の工業製品等では存在しているコストと保有性能とのバランスについてのコストパフォーマンスという概念すら，建築構造の分野では希薄であったといっても過言ではない．安全であることは当然のことで，使用性については設備で補い，修復・維持管理のしやすさは認識されないという場合も多かったであろう．

これには以下のような背景が考えられる．基本的には，建築構造の性能が明確に示されていないことから，支払った代価に対し，どのような利益が得られるのかが明確でないことである．また建築物のもつ，他の一般的な工業製品とは異なる特性が指摘できるだろう．建築物は，受注生産や一品生産の場合がほとんどであり，一度使ってみて判断して購入する，あるいは完成したものをみてから判断することは困難である．また非常に高価であり，個人が何回もの購入経験をもつことも少なく，その価格が妥当なものかどうかも判断することが困難である場合もある．

次に建築物では，不特定多数の人が利用し，しかもそこで発生した事故については，ほとんどの場合，利用者は受動的である．このことから建築構造の事故については，消費者は，自分にその事故に備える手段がないと認識してきたとも考えられる．これに対し，例えば自動車の場合，所有者やそれに近い人が利用することを想定して，事故に備えて保険制度が運用されている．また事故も，全く受動的に発生することは少ない．さらに相手に責任があるとしても，自分も注意していれば避けられたのではないかとの考え方が当事者にも多少はあるかもしれない．このような自動車事故の場合と異なり，建築構造の事故については，利用者は全く受動的であった．

これに対し，兵庫県南部地震による建築物の構造被害の経験から，建築構造の性能をある程度理解して納得したうえで，より高いコストを払っても，より耐震性能の高い建築物を入手しようという動きが出てきた．これは，消費者が積極的に事故に備えようという考えの基に，建築物の価値の中に，建築構造の性能に基づく価値を見出していることの現れであろう．

1.2 建築構造設計体系のあるべき状態

今後，建築構造をとりまく状況のあるべき姿について，以下のように考えられる．

第一に，「性能を明確にした設計を行うこと，または少なくともそれを可能とする技術をもつこと」である．消費者の多様化するニーズに，的確に対応できる設計システムの導入が求められるということである．そのためには，建築構造に影響を及ぼすような荷重および外力に対して，その建築構造がどのような挙動をすることを目標とするのかを明確にし，適切な方法によって目標性能を確保したことを確認するという設計の枠組が必要で，そのための評価技術の整備が行われることが

必要である．

　第二に，「建築構造に関する情報が豊富に提供されること」である．設計者が性能を明確にした設計を行うだけでは不十分である．性能指向型の建築構造設計体系においては，建築主が目標とする性能の設定に参加し，その結果に対する責任も発生するので，建築主などの建築に関する専門家でない人にも建築構造に関する情報が，理解できる形で提供されていなければならない．建築構造についても，多くの工業製品と同様，その性能が表示され，消費者は，その情報をもとに，その建築物が自らの要求を満たすものであるのかを考えて選択を行うという状況になることが必要である．

　第三に，あるいは第一，第二の結果として，「建築物の価値判断を行う際に，建築構造の性能が価値判断の材料になること」である．建築構造の性能を明確にした設計が行われ，その情報が提供されると，消費者はその建築物が自分の意図・目的に合ったものであるかどうかを，その性能と自分の支払う代価を考慮しながら判断し，選択できるようになる．その結果，建築物の価値に，性能が適切に反映されるような状況が生まれてくることが期待できる．このようにして，建築主などの建築物の消費者と設計者との間における建築物の構造の安全性や快適性などの各種性能についての合意形成と，消費者の建築物の性能についての十分な理解が可能となって，建築構造の分野に，健全な市場が確立されることが期待される．

　現在では性能の評価技術がまだ一般的になっておらず，また対象項目によって精度のばらつきも大きい．しかし建築構造に関しても市場の原理が適切に作用するようになり，つまり建築構造の性能も含めた，建築物の価値判断が行われるにしたがって，評価技術も整備されることが期待できる．あるいは建築構造の技術者は，自らの技術が正当に評価されるためにも，今後このような性能の評価技術の開発に力を注ぐことにもなると考えられる．

2節　性能指向型の建築構造設計体系の概要

ここでは，性能指向型の建築構造設計体系において想定される設計のフローを図-1.1に示し，これを解説することによりその概要について述べる．

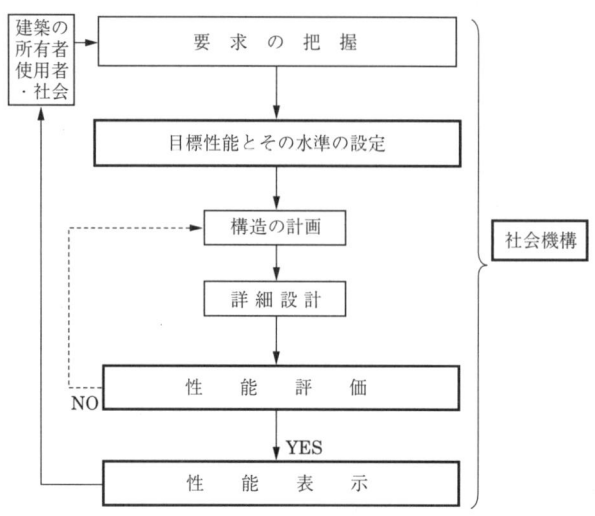

注）これは性能に着目した設計のフローを示したものであり，別途，施工の品質管理，維持管理に配慮する必要がある。

図-1.1　性能指向型の建築構造設計体系における設計のフロー

2.1　基本事項

この性能指向型の建築構造設計体系の基本的枠組みは，「目標性能とその水準の設定」，「性能評価」，「性能表示」で構成されており，設計のフローは，以下のようになる．
① その建築物の目的等により要求される性能（要求性能）を把握し，設計の目標性能を設定する（「目標性能とその水準の設定」）．
② 目標性能を達成するために適切な設計技術を採用し，架構，部材等を仮定する．
③ 仮定された建築構造の性能を適正に評価し（「性能評価」），性能を表示する（「性能表示」）．

以上において，目標性能の設定に際して必要な考え方が本書第2章「目標水準設定の考え方」に，性能評価の枠組と性能表示に関する基本的事項が第3章「構造性能評価指針案」に示され，さらにこの性能指向型の建築構造設計体系が円滑に運用されていくための社会機構のあり方が第4章「性能指向型設計法のための社会機構の方向性」に示されている．一方，上記の②に係わる設計技術や個々の設計手法については，その建築構造の特性等に応じて適切なものを用いるなど，設計者の設計思想と専門的判断によって採用されるべきものと考える．したがって設計技術や設計手法自体については本書では触れていない．

2.2 目標性能とその水準の設定

　目標性能とその水準の設定においては，社会的要求性能と私的要求性能を考慮する必要がある．
　建築物は人間の居住するシェルターであり，自然環境から受ける各種の荷重および外力に対して，その社会で必要とされる最低限の安全性を保持しなければならない．また建築物は私有物であっても，その存在は大なり小なり社会的な意義をもっており，他者あるいは社会へ影響（加害性を含む）を与えるものである．さらに，都市の構成要素としての建築物は，その用途に対応した機能をもっており，その機能を達成するための要求性能が存在する．設計者は，社会の中でその用途の建築物がどのような状況でどのような機能が要求されるかを把握することが必要である．
　個々の建築物には，その所有者や使用者の意図・目的に応じた要求性能が存在する．所有者や使用者は自ら得た情報に基づき，自らの要求する性能を漠然としながらももっているはずである．設計者は，その当該建築物に対する個々の要求性能を把握することが必要である．
　従来の設計の目標性能は，これまでの地震等の荷重および外力によって発生した被害経験等に基づき，構造工学等の専門家の判断によって，技術規準等において設定されてきた．一方，性能指向型の建築構造設計体系においては，これまでの専門家の判断に加えて，それぞれの建築物について，設計者は，社会や専門家ではない所有者や使用者の意思を反映しうるような目標性能とその水準の設定を行うことを必要としている．目標性能とその水準の設定を支援するものとして，破壊確率によって示される性能，バックグラウンドリスクによる危険度評価，総費用最小化原理や総効用最大化原理等による性能水準設定の考え方があり，これらを活用するための基本的な考え方が，本書第2章「目標水準設定の考え方」に示されている．

2.3 目標性能とその水準を達成するための構造の計画

　ここでは，設定された目標性能とその水準を達成する構造の計画を行う．
　設計者は，自らの考えに従って目標性能とその水準を達成するための建築構造（構造骨組や各部分）を構成する．例えば，地震に対する構造骨組の目標性能を達成するために，地震による外力やエネルギーに対して構造骨組自体で耐えるのか，または何らかの装置を用いた制御を行うのか等が考えられ，これらを具体化するための検討を行う．この性能指向型の建築構造設計体系のもとでは，構造に対する仕様は基本的には自由であることから，新たな建築構造の構成を考案する，あるいは必要な装置を開発するなど，新しい技術の発展が期待される．
　その後，詳細設計が行われ，設計図書が作成される．この設計図書に基づいて性能評価が行われた後，施工される．この時，施工の品質管理や建物の完成後の使用状況や維持管理状況も，保有性能に影響を及ぼす条件であることに配慮する必要がある．
　ただし本書では，構造の計画，詳細設計の技術的内容については，設計者に委ねられる事項と考え，取扱っていない．また，施工と維持管理が建築物の性能に及ぼす影響についても，設計者，施工者，維持管理者等の自らの能力，判断によって適切に行われるものと考えている．結果として，より適切な設計手法，施工法等の開発がなされるよう，社会機構に関する課題として，そのあり方について一部，触れるにとどめている．

2.4 性能評価

　以上のように仮定された建築構造に対して，性能評価を行う．この性能評価に係わる基本的事項が，本書第3章「構造性能評価指針案」に示されている．

　第3章では，性能評価を目標構造性能の設定と性能検証と位置づけており，これらの原則が示されている．目標構造性能の設定では，まず安全性，修復性，使用性という基本構造性能と，構造骨組，建築部材，設備・機器，什器，地盤という評価対象の組合せで示される性能評価項目を設定する．基本構造性能は，それぞれ，人命の保護，財産の保全，機能および居住性の確保が目的であり，性能を評価する観点が異なる．次に設定したそれぞれの項目に対して，目標とする性能の水準を設定する．性能の水準は，各種の荷重・外力（温度，湿度等の要因も含む）の大きさ（設定条件）とこれらが作用した時の建築物の状態で表示されることとしている．また，性能評価項目と性能の水準は，建築主と設計者の合意により設定することが原則である．すなわち，目標構造性能は，法令等により定められる最低限必要な性能を下回らない範囲で自由に設定されるものである．性能検証では，各種荷重および外力による建築構造の応答を表す工学量（応答値）の予測と，目標とする建築物の状態を表す工学量（限界値）の推定を行い，これらの比較により建築物の性能を検証する．この時の原則は，工学的観点から応答値が限界値を上回らないことである．

2.5 性能表示

　最終的に供給される建築物について目標性能とその水準が達成されたことが評価されれば，性能表示が可能となる．第3章「構造性能評価指針案」では，各性能評価項目ごとに目標構造性能の設定条件と性能検証の結果を用いて性能の表示を行うこととしている．この性能の表示は，建築物の消費者である所有者や使用者という社会と設計者の接点となるため，一般の人々が理解できるような形で行われる必要がある．性能の表示を明確に行うことは，性能指向型の建築構造設計体系における設計者の責務であり，それによって設計者の社会における地位が確立され，その職能に対する期待が高まることと思われる．性能を社会に対して説明し，消費者の要求にあった性能を適正なコストで実現できる設計者が，高く評価されていくことになると思われる．

2.6 社会機構

　以上のような性能指向型の建築構造設計体系が採用され，建築主等のニーズに的確に対応しつつ設計者等の実務者がその実務を円滑に遂行していくためには，それを支援し，またはその基盤となる様々な制度，ルール，情報等からなる社会的システム，すなわち「社会機構」がそれに対応するものとして確立される必要がある．このような機能を有する社会機構のあり方が，本書第4章「性能指向型設計法のための社会機構の方向性」に示されている．これらの社会機構は，大きく，次の4つの機能を果すものであることが求められる．最初の3点は，設計実務のプロセスに応じて，主として建築主側に提供される機能である．

　1つは，構造性能に関する「要求（ニーズ，期待）」が，建築主等の関係者の側で，適切な理解に基づいて明確に形づくられることを支援することである．

　次は，建築主等の「要求」が，設計条件としての「目標性能」に適切に変換されることについて

の信頼性を提供することである．

3つ目は，設定された「目標性能」と，設計の成果物である「設計解」の保有する性能との間の整合性についての信頼性を提供することである．

最後は，設計実務のプロセス全体を通じて，主として構造設計実務者側に提供される機能であり，業務上のリスク負担の明確化・管理，経済的条件の成立，必要な知識・能力の入手等を可能とする業務環境を提供することである．

また，性能指向型設計実務には，立脚する技術的根拠の種類によって，大きく，「高度目的指向型」，「規定検証適用型」および「仕様書型規準依存型」の3つのタイプが想定されるが，社会機構は，それぞれに応じて適切なものが確立される必要がある．

確立されるべき社会機構の具体的なシステム要素としては，「構造設計関係業務品質保証・情報管理の仕組」，「技術参照情報・知識ベース・技術ツールシステム」，「構造設計実務関連の第三者サービスの仕組」，「構造設計実務者等の業務遂行能力の関連情報化と習得システム」「関連業務標準・契約約款ガイド等の仕組」，「性能表示関連制度」，「関連保険システム」等がある．

2.7　ま と め

これまで述べた「性能指向型の建築構造設計体系」によって，建築構造をとりまく技術の世界に市場の原理が作用し，その中では高い技術が適切に評価されるように移行していくものと考えられる．その結果として，建築物自体の性能や品質の向上も図られるものと期待される．そのためには，目標性能とその水準の設定，性能評価および性能表示という考え方が広まり，これらに関する技術開発が促進されることが望まれる．

第 2 章
目標水準設定の考え方

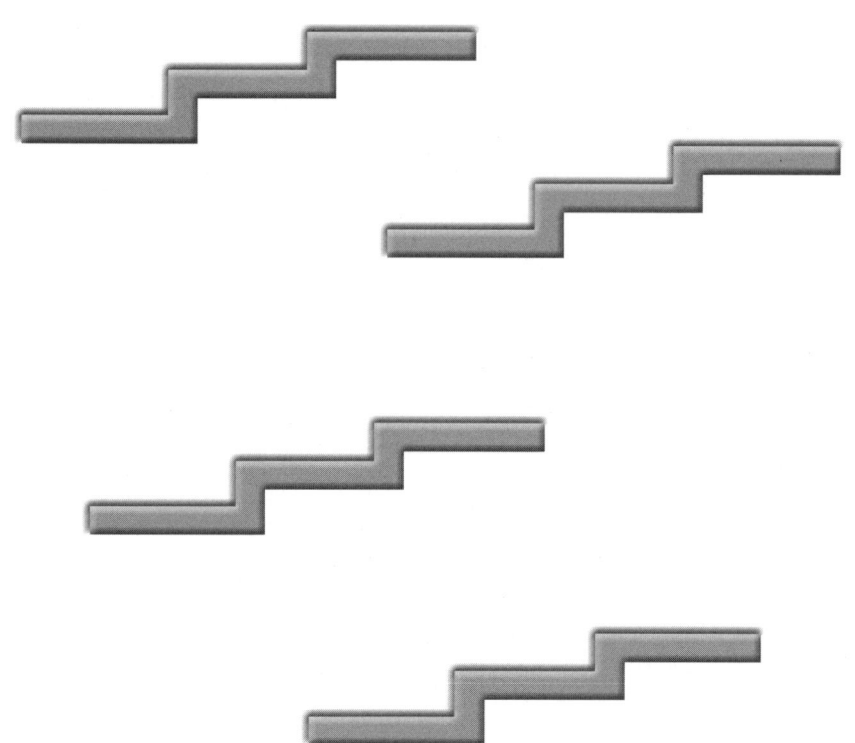

1節　目標水準設定の基本的枠組

1.1　はじめに

　建築構造物がもつべき性能の水準を議論する時，当然のことながら，構造物を設計していくという行為そのもの，構造物に求められている役割，安全に対する考え方についての認識が前提になる．ここでは，まず，以上の前提条件を整理することから検討を開始し，目標水準設定に際し基本となる考え方を整理したい．

1.2　目標水準設定に関する前提事項の整理

1.2.1　建築構造設計

　構造性能の水準を設定し，また構造性能を評価するという考え方の基礎となる，建築構造設計という行為についての共通認識を再確認しておこう．

　第一は，建築構造設計が，意匠設計者から与えられた条件のもとでなされるルーチンワーク的行為ではなく，建築物をつくるためになされる意匠設計，設備設計等の設計行為と不可分に関係した行為であるという認識である．したがって，構造物の力学的性能だけの判断ばかりではなく，コストや意匠，その他の性能や制約に関して建築主や他の設計関係者との合意を前提とした意思決定が期待されている．

　第二は，構造設計は価値判断が伴う行為であるという認識である．例えば，主に建築主から要請されるコスト制約と構造物の力学特性等とのバランスのとれた判断には，当然価値判断が伴い，単に決められた方程式に従って1つの解を求める行為とは本質的に異なる．それゆえ，建築構造の力学的挙動に対する深い理解のほか，価値判断を含めた総合判断能力が構造設計に係わるものに求められる．

　第三に，構造設計は基本的に自由な行為であるという認識である．従来，法や規制によって構造設計は決められた手続きにそって計算するだけの行為であるがごとくいわれることがあったが，現行の建築基準法の第1条で述べられているように最低基準を示したものであり，建築主および設計者を含む社会が合意した許容範囲を逸脱したものが規制されるのであって，逸脱しない範囲での自由度を有し，また有しなければならない．したがって，過度の規制によって構造設計の自由が制約される場合には，許容範囲それ自体の変更が必要である．

　第四に，構造設計は，価値判断を含めた総合判断能力を有する設計者による自由な意思決定であるがゆえに，責務が問われるという認識である．行為者が別の行為を行うことができない場合（判断能力がなく別の行為を選択するということができない場合や，強制によりその行為をせざるをえない場合）には，その行為に対し責任を追及することはできず，十分な判断能力を有するものが自由な判断をなした場合に責任が問われるとする法哲学の主張を待つまでもなく，構造設計は責務が問われるべき行為である．ここで，責務が問われるとは，優れた構造設計であれば賞賛される対象であり，劣る構造設計であれば批判され，場合によっては社会的制裁の対象となりうることであ

る．
　以上の4点は，従来から構造設計の基本前提であったものであるが，これらのどの1つも欠けては，性能指向型設計法という形態の成立がありえない．以上をまとめると，以下のように述べることができる．
　建築構造設計は，建築主および設計者の価値規範と能力に基づき新たな建築空間を創造する建築設計の主要な一部をなし，建築構造に関する基本的に自由な意思決定行為である．また，自由な行為であるゆえに，その責務が問われる．

1.2.2　構造設計における建築主に対する設計者の役割

　建築物の内容を規定するのは，社会通念上，当該建築物の所有者である建築主が第一義的な判断主体である．しかし，一般に建築主（施主）は建築の専門家ではなく，建築設計の初期段階では，建築物のイメージや性能について漠然とした認識しかとりえないことが多いことを考慮しなければならない．建築構造に関する知識や工学的判断能力が不足している場合が多く，こうした状況では，設計者は，専門的知識を平明な表現で建築主に伝え，建築主に理解してもらう努力をすることが必要である．この面からも，建築構造の性能を表示するという性能指向型設計法の基本的考え方が必要である．
　また，建築主が私的な利益追求のみに関心が限定されているような場合でも，建築主以外の利用者の人命保護，災害時における被害の社会的波及の防止の役割などの当該建築物が社会的にも担わなければならない役割を理解してもらう努力が必要である．この意味からも法が指定している性能水準や学会等が提案する規準等の意義を了解してもらうことも必要である．
　以上をまとめれば，次のようになる．
　構造物の性能を規定する各種の価値判断においては，社会通念上建築主の判断が尊重されるべきことは論をまたない．建築主の価値判断を尊重し，各種の情報の欠如や工学的判断能力の不足を補い，その判断がより合理的な判断となりうるための努力が，設計者の職能として求められる．

1.2.3　建築構造物に求められる役割と2つの側面

　建築物が創出する価値ある空間を，物理的機構として支えているのが建築構造であり，建築構造設計では，主として，
　① 人命を保護し，
　② 建築物およびその内容物を含む財産を保全し，
　③ 建築に期待されている機能を維持していく
という基本的役割を担う性能を確保する必要がある．これら3つの役割を担う性能を，以下の工学的判断の中では，安全性，修復性，機能性と呼び計量的に議論することになる．また，このほかにも個々の建築物に課せられた役割を担うための性能の確保も必要である．
　ここで，それぞれの役割を担う性能は，独立したものでないことに留意しなければならない．例えば人命の保護のために建築物の安全性を高めることは，同時に財産の保全や機能・居住性の向上に結びつく場合がある．また，一方では安全性を高めると美観や経済性が損なわれるといった場合も起こりうる．こうした異なる観点からなる要求性能のバランスをいかに適切に確保するかが設計においては重要になる．
　一方，建築物は建築主の要求に応えることが原則であるが，建築主の私的欲求のみを満足するも

のではない．たとえ個人所有の建築であっても，デパート，映画館のように，それを利用する第三者が多数おり，利用者の人命の保護が重要な役割となる建築も多い．さらに，学校，政府関係建物，消防署，警察署，病院のように公共的役割を本来的に期待されているものもあり，建築は社会的存在でもある．このように，建築主の要求に応えるほかに，社会全体への役割が考慮されなければならない．

以上をまとめると以下のようになる．

建築物は，人が安心して快適に生活を営める空間でなければならない．そうした空間を形づくることが建築構造設計の目的である．そのため，①人命の保護，②財産の保護，③機能の維持，という基本的役割を含む建築構造物に期待された役割を確保するための性能を確保しなければならない．

建築構造設計で要求される性能を把握する際，その発生由来の違いから，

① 私的要求
② 社会的要求

の2つの面から把握されなければならない．

1.3 構造性能の目標水準の基本枠組

1.3.1 構造性能の目標水準の基本認識枠組

構造性能がどの水準にあるべきかという判断は，基本的には建築主の要求水準を尊重するべきであって，その際，特に

① 人命の安全性に対する建築主の要求水準，
② 被災時の修復可能性を含めた財産保全に関する要求水準，
③ 日常および被災時の機能喪失による被害からみて期待されている機能の要求水準

が考慮されなければならない．例えば，建築物に収容している高価な財産があるような場合，高い性能水準が求められるし，また，高い精度を要求している機器を収容している建築物では，振動や変形の面から高い性能水準が求められる．一方，構造物が大きな被害とならない場合でも，その空間を使用して行われていた営利行為が不可能となるような場合にも，その損失を生じないような性能水準が期待されることもある．

災害時に当該構造物に被害がみられる場合でも，その被害が当該構造物だけに限定されるとは限らない．例えば，その建物の倒壊によって通行人に被害を与えたり道路等を塞ぐような事態を生じさせる場合には，第三者への人命被害や緊急車両の通行を阻害する等，損害の拡大を招く．特に，危険物の貯蔵施設や原子力施設等も同様な観点からその被害拡大に対する防御が強く望まれている．このような波及的被害がひとたび生じると，建築主の利害の枠を超え，社会的に無視しえない被害となり，高い性能水準が期待される．さらに，災害の拡大，被害の拡大等による社会的危機を阻止するために必要な警察署，消防署，放送局，病院等も，社会的損失を逓減するために高い性能水準が期待される．

以上から，次のようにいうことができる．

構造性能が工学的量として把握される場合でも，その目標とする水準は，個人の要求水準のほか，社会的要求から設定されるべきである．その設定に際して，私的な要求から考慮されるべき主要なものは，

① 人命安全に対する建築主の要求水準
② 被災時の修復可能性を含めた財産保全に関する要求水準
③ 日常および被災時の機能喪失による被害からみて期待されている機能の要求水準

であり，社会的役割から考慮されるべき主要なものは，

① 当該建築物の利用者，第三者の人命安全性
② 被災時の災害波及からみた社会的損失の可能性

である．

1.3.2 構造性能の目標水準設定における判断形式

構造性能特に安全性について考える際，人命が第一に尊重される．時には，あらゆる犠牲を払っても人命安全を確保すべきだといわれる．一方で，人命の損失を全く生じないような絶対的な安全という考え方では，工学的な設計がありえないという主張もされることがある．しかし，人命がことさら重要視される理由を真摯に考えることなしに，安易な結論を引出すことは危険である．人命が重視される主要な理由として，人命の修復不可能性を考えておくべきである．

通常の消費財の場合は，失われても再び購入することができる．購入に際し，対価として金銭等の支出が伴う．このことは，その時点での技術・社会制度のもとで，購入される消費財と支払われた金銭が，この購入の取引においてほぼ等価とみなしているということができる．このようにして，再び購入することのできるものは，それが失われても等価な金銭が失われたと判断できる．修理の場合でも原理的に同様である．この事実が，修復可能なもの，再購入可能なもの，再生産可能なものに共通して，金銭的尺度でその価値を評価する可能性を開いている．

一方，人命がひとたび失われてしまう場合には，原理的に，多大なコストを支払っても再び生き返らすことができない．また，膨大な金銭を支払っても殺人は許容されない．この意味で，人命と金銭との比較判断が困難になってくる．同様なことは，人命以外でも歴史的文化財のように一度失われてしまうと，いくら新たに物理的等価物をつくっても価値が復元できない場合に起こる．一度失われると回復できない自然環境も同様である．原則的に，再生産ができない，修復ができないという対象で生じるのである．

人命を金銭で評価することが困難であるということは人命安全の評価尺度が存在しないことを意味するわけではない．我々は，少数の被害よりも多数の被害の方が好ましくないという評価もありうるし，確率を用いて，人命損失の確率がより小さい方が好ましいと判断することもできる．問題は，1つの金銭的尺度だけで評価判断することが困難であるということである．したがって，評価判断は，原則的に複数の評価指標を用いてなされるべきであるということである．これは，工学的には目標水準設定での判断は，多次元評価空間での最適化問題（マルチクライテリア問題）となることを意味している．

構造性能の目標水準にあたっては，原則的には，単純に金銭の尺度へと還元して評価することは，上記の理由で危険であるといえる．しかし，個々の建築物の設計段階では，場合によっては，人命安全性を許容範囲に収めた範囲で，金銭的評価尺度で一番望ましい水準を決定するなどの方法もありうる．

以上のことから，構造性能の目標水準設定における判断の仕方は以下のようにすべきであるといえる．

目標水準設定において考慮すべきものは多岐にわたるが，人命や文化財等の一度失われると回復

不可能なもの（修復不可能財）と，現時点での技術・社会制度のもとでは，金銭の支出等の損失を伴うものの修理・建て替え・買い換え等により回復することのできるもの（修復可能財）の2種類があることを念頭におくべきである．後者は，異なる対象であっても金銭的な尺度に還元して1つの評価指標のもとで比較できる可能性を有している．一方，前者は，原則的に金銭的尺度に還元できない．したがって，構造性能の目標水準設定においては，原理的に2つ以上の評価指標のもとで検討されなければならない．

1.3.3 複数の評価指標のもとでの最適規準

原理的に複数の評価指標のもとで，検討するとすれば，ある評価指標で最も望ましいとされるものが，別の評価指標では最も劣ると判断されるような事態が生じる可能性がある．例えば，安全性で優れていても経済性で劣るということがある．こうした状況のもとで，より合理的な判断をする必要がある．その方法を示すものが以下の原理である．

複数の評価指標のもとで設定されるべき目標水準は，以下の規準を満足していなければならない．すなわち，設定する目標水準よりも，すべての評価指標において，より好ましいか同じ評価となり，かついくつかの評価指標で好ましい評価となる，技術的に選択可能な水準が存在しない場合，その場合に限り選択されるべきである．

この規準は，多次元評価空間での最適化問題（マルチクライテリア問題）で，最適とみなしうる必須条件を示している．この条件はパレート最適条件と呼ばれる．この条件を満足する場合には，誰がみても，それよりも望ましいというものが存在しないという意味，すなわち，改善される選択肢がないという意味で最適である．逆にこの条件が満たされていない場合，例えば，ある指標で好ましい選択肢があれば，その選択肢が誰がみても望ましいと判断されるという理由では最適ではない．

この条件を満足するものが一般的には1つに限定されるわけではなく，多数存在するのが通常であり，この規準で，1つの目標水準を決定することは一般的にできない．その意味で十分ゆるい条件であり，設定される目標水準は少なくともこの条件を満たしていなければならないという条件である．

1.4 構造性能水準の設定において考慮すべき事項

1.4.1 現象の確率論的把握

自然現象である地震動や風の大きさを予測することが困難であることや，建築物の強度にはばらつきがあるなど，安全性には多くの不確定な要因が関係する．こうした物理現象の不確定さを扱うには，確率論を基礎とする検討が必要である．特に，地震・風・雪などの各種の荷重に対して共通の尺度で安全性をとらえることを可能にするという利点がある．

したがって，構造性能の尺度構成にあたって以下の点が考慮されるべきである．

各種荷重および構造物自体の特性の不確定要因が存在していることを前提として，現象を確率論的に把握する必要がある．したがって，構造性能とその目標水準の尺度は，確率論的理解を基礎として構成されるべきである．

第 2 章　目標水準設定の考え方

1.4.2　構造性能水準の設定において参考にすべき事項

　これまでに一定の法基準に基づき設計されてきた建築物は，現実性のある建設コストの範囲で建設され，災害時にどの程度の性能を有してきたかについて，最も経験的データの蓄積の多いものである．また，それらは，基本的には，長期にわたって社会に受入れられてきたものであり，その性能水準と比較して判断することは現実的である．

　従来の設計法で設計されたものが，新たな評価指標を用いるとどのような値になるかをみたうえで，新しい設計法の性能水準や設計に用いる各種の係数を設定することが必要である．この作業をコードキャリブレーションといい，性能水準を定量的に表す尺度として，信頼性指標や破壊確率といった確率的な尺度を用いることができる．現行の建築物の構造性能について，具体的に検討を行った結果が後に示されている．

　日常生活の中には多くのリスクが存在している．交通事故，火災，疾病などによる死亡リスクは，その典型的な例である．ここでは，それらの潜在的なリスクをバックグラウンドリスクと呼ぶ．これらのバックグラウンドリスクと比較して，建築構造物から生じるリスクが過度に小さくなるように目標水準を設定しても，トータルな人間に対するリスクが効果的に減少することは期待できない．逆に，バックグラウンドリスクと比較して建築構造物から生じるリスクが過度に大きな場合には，トータルな人間に対するリスクを建築構造物が押し上げることになる．このような観点から，人間の生活に生じているバックグラウンドリスクを調べ，それらを参照して目標水準を設定することが考えられる．

　従来，バックグラウンドリスクを社会が許容しているリスクとみる考えに沿って，その値を許容水準とみなし，建築物安全水準の下限値を定めることも考えられてきた．しかし，社会的にバックグラウンドリスクを許容されているものとみる考え方には難点があり，むしろ，現実のバックグラウンドリスクがどのような水準にあるかを認識し，その水準以上のものを設定する積極的理由を見出すことができない場合に限って，その水準を許容する方が適切であろう．いずれにしても，バックグラウンドリスクに対して社会がどのように受止めているのか，また，どのように変化しつつあるのかなど慎重な扱いが必要であり，後に示されているバックグラウンドリスクの検討の中では，こうした問題点をふまえた詳細な検討がなされている．

　人命に対する安全性の水準が許容範囲に収まることを確認できている場合には，建物使用期間中に生じる総費用を最小化するように，目標水準を設定することが有効である．この考え方を総費用最小化原理と呼ぶ．ここで総費用とは，初期建設コスト，使用期間中の被災による損失の期待値の和に，使用期間中に得られる便益を差し引いたものである．

　この方法では，単に建築主の利益のみでなく，被害の波及による社会的な損失やその建物が機能することで得られる社会的便益を評価し組込むことが可能である．

　以上をまとめると以下のようになる．
　構造性能水準の設定において考慮すべき事項として以下のものが重要である．

　①　これまで経験的につくられてきた構造物の性能
　②　構造物以外のものにみられるリスクの現状
　③　建築物の使用期間に生じる総費用

2節　目標水準設定に係わる基礎的検討

2.1　安全性に対する住民等の意識の把握から得られた知見

　建築物の性能指向型設計法においては，性能を設定するのは，一義的には建築主である．この時，設計者は，建築の専門家ではない建築主に対して，その建築主の私的要求は当然のことながら，その建築物への社会的要求も満足すべき性能について理解を求め，合意を形成したうえで，設計上の目標性能を設定することになる．

　以上の性能指向型設計法の考え方に沿って，アンケートによる安全性に対する住民等の意識調査から得られた知見をまとめ，性能指向型設計法の実現可能性について整理する．

(1)　性能を設定する主体について

　一般住民においては，大地震時における建築物被害の責任の所在，人命の安全に係わる性能設定の主体については，建築主よりむしろ設計・施工者や行政であると考える傾向がある．これに対し，ビルのオーナー等の場合，建築主が性能設定の主体であり被害の責任をもつものであるという考え方もみられた．このことから，「性能を設定するのは，一義的には建築主である」という考え方は，ビルのオーナー等の場合には，受入れられる方向にあるが，一般住民に受入れられるには，まだ条件が必要と考えられる．この結果から，設計者は建築主，特に一般住民に対して，建築構造に関する十分な情報提供を行う必要がある．

(2)　私的要求について

　建築構造に求められる基本的な性能として，「人命の安全」，「財産の保全」，「機能の維持」が考えられるが，「人命の安全」，「機能の維持」よりも，「財産の保全」について，要求がより明確になる傾向がみられる．これは，人命が危ぶまれるような状況に至るはるか前の段階，つまり建築物自体およびその内容物の財産価値が問題になる状況を想定して，建築構造の被害の認識が行われていることによると推測できる．したがって，私的要求から構造の性能を考える際，「財産の保全」の観点から，構造の損傷を制御する設計を行う必要がある場合もありうる．

(3)　社会的要求について

　社会的要求の代表的なものは，「近隣への被害波及の防止」と，「各種用途の建築物の機能」が考えられる．「近隣への被害波及の防止」については，一般住民，建築主等ともに，一定の範囲にとどめなければならないとの考え方をもっている．

　一方，「各種用途の建築物の機能」に対しては，特に耐震性を高く（大地震時にも基本的機能を維持）してほしい建築物，できれば耐震性を高く（比較的大きい地震の際にも基本的機能を維持）してほしい建築物などとして，各種用途の建築物への要求がある．また用途ごとの性能水準を基準等で規定して欲しいとの考え方が主流である．

　設計者は，以上のことを考慮して，建築主が，その建築物の社会的要求をも理解して性能を設定

するよう働きかける必要がある．一般住民にも建築主等にも，「人命の安全の確保」，「災害時の都市被害の軽減」，「近隣への被害波及の防止」という目的のためには，建築に関する規制も必要であると認識されており，以上の3つの目的に基づく社会的要求については，建築主は，適切な説明を受ければ，それを理解して受入れる素地があると考えられる．

(4) 多様な性能設定について

建築主等においては，現在でも人命の安全や機能の維持に関する性能について，建築基準法を上回る注文を出したことのある場合が過半数であること，また，今後，設計者とよく相談したい事項としては，耐震性能が最も多いことから，建築主が建築構造の性能について，設計者の適切な説明をもとに，多様な性能設定を行おうとしている傾向がみられる．

(5) 情報・表示について

建築物の新築や購入時に必要とされる情報として，耐震性能の内容および施工の品質に関する説明をきわめて強く求めている．また，建築主等は，建築物の構造安全に関する表示を，利用者への義務として重視している．このような建築主等の要求や義務感に応えるために，建築関係者は，性能を表示し，あるいはその手段を提供する必要があると考えられる．

(6) 今後の性能指向型設計法の実現可能性について

建築主等の大半が，性能を明確にした設計に移行すべき，あるいは建築物によって性能を明確にすることが可能であるようにするべきであると考えている．これは明らかに，ビルのオーナー等については，性能を明確にした設計に進んでいくことを期待していることを示している．またこの時，建築物の性能を設定する際には，設計者の説明を参考にして建築主が決めるという考え方が強い．一方，人命が危ぶまれるような大地震時の安全性や，社会的要求に基づきその用途の建築物が保有すべき性能については，法令等による規制が求められている．

特に，自己責任に対する認識では，「日本では自己責任はなじまない」とする意見は少ないものの，「安全は法律によって保護されるべき」と「建築物の安全の確保は専門的な問題で難しく，自己責任はなじまない」との意見がそれぞれ約3分の1ずつで，「自己責任原則にたつべき」が約3分の1であった．このことをみると，すべての性能を自己の責任で設定することには，消極的であるといえる．性能指向型設計法のもとにおいても，人命の安全に係わる性能については，法による水準設定への期待が大きいと考えられる．少なくとも安全水準の設定を全面的に建築主に委ねることに対しては否定的である．

まとめると，建築主は，専門家である設計者からの説明を受け，建物の多様な性能を自ら決めようとしている．しかし，人命の安全を含む社会的要求から定まる性能については，法令等による規制および行政にその責任を求める傾向がある．

2.2 水準設定の法的考察と経済学的考察から得られた知見

日本国憲法と建築規制の関係に関しては，憲法第29条によって財産権が保障されており，わが国では建築物およびその敷地は私有財産とすることが可能になっているが，同じ第29条の第2項には財産権は「公共の福祉」のために法によって制限されうることが示されている．これが法によ

る建築に関する規制がされる日本国憲法上の根拠である．ただし，この制限は財産権の保障のため，一般に，必要最小限度でなければならないとされている．

「公共の福祉」には，人の生命・健康への侵害の防止が含まれ，建築規制の大きな目的の1つとして最低水準の安全の確保がある．この安全の確保には当該建築物の使用者・利用者とともに第三者の安全も含まれる．特に，当該建築物の災害によって第三者の人命に危害を与えたり，さらに，たとえ直接的に人命安全を脅かすものでなくとも，第三者や周辺・社会へ大きな被害が及ぶことを防止するのは，安全の確保，公共の福祉にとって重要な事項である．これが建築行為を建築主の完全な自由に委ねるのではなく，建築に関して一定の規制を行う主要な目的の1つであり，また根拠の1つでもある．くわえて，建築規制には消費者保護という側面も求められている．すなわち，建築物の品質や性能に関する専門的知識や判断能力をもたない一般の建築主や品質・性能の設定に関与できない購入者・居住者・利用者などの消費者に対して，著しく安全性が劣っていたり，劣悪な品質・性能の建築物が建てられ供給・利用されることを防ぐという消費者保護のための規制としての性格ももっている．

一方，法規制に関しては，自由主義国家においては国民生活に対する行政権の介入は必要最小限度にとどめられなければならないという考え方がある．建築基準法が最低基準を定めているのはこのためである．前述のような目的と根拠のもとで，法規制は必要ではあるが，過度の規制となることは避けられなければならない．

しかし，前記2.1「安全性に対する住民等の意識の把握から得られた知見」の住民等の意識でも，用途ごとの性能水準を基準等で規定して欲しいとの考え方が主流であったことを合せれば，現段階において建築物の用途等に応じた耐震性能水準を規制法により設定することが困難であるとしても，災害時に機能すべき建築物や被害の社会的影響が大きい建築物などについて，用途等に対応した複数の耐震目標性能水準の推奨値あるいは標準値のようなものを建築界が社会に対して提示することの意味は大きいといえよう．

また，経済学的な面からみた場合，建築物は次に示すような特徴をもつため，単に市場に委ねたのでは最適な結果が得られず，市場の失敗を招くことが明らかである．すなわち，

① 建築物は，その基本的機能として，自然災害，犯罪等から生命財産を守るという「防災性」をもち，必然的に「不確実性」をもつ．
② 建築物の規模，構造，中で営まれる活動により周辺に影響が及ぶという「外部効果」をもつ．
③ 期待された品質が実際に備わっていることを確認するためにはきわめて大きなコストを要するために「品質情報の不完全性」をもつ．
④ 都市公共施設等に負担をかけるという「外部負荷性」をもつ．
⑤ 個々の建築物は形態，性能，品質等に明確な相違があり「個別性」が大きい．
⑥ 最終消費者は建築物をしばしば取引きすることがなく，消費者は経験不足となり取引情報の偏在性が不可避となる高額なものである．

建築物はこれらの特徴をもつことから，単に市場に委ねただけでは市場の失敗の生じる典型的な事例とみることができ，建築に関して法的規制などによる政府の介入が経済学的にも合理的である．

建築に関して法規制が行われることが合理的であるとしても，市場による性能水準の決定の可能性が否定されているわけではない．建築の安全性能に関して市場による決定がされずに，ほとんど

の建築物の構造安全性が法令の定める最低基準に固定されている要因として，前述の「不確実性」と「品質情報の不完全性」（品質測定が困難で安全性能がみえない）があげられる．そこで，これを補い安全性の市場評価を促進する仕組として「耐震メニュー」などの性能のメニューと「性能表示」が有効である．

これらから，①性能設定の最低水準として現行の建築基準法の定める水準を位置づけ，②最低水準を上回る水準において，ア）建築主等がより安全な水準を耐震メニューに基づいて選択する仕組の開発，イ）建築主等の個々の事情に適合した最適な水準を設定する手法の普及，を行い，③設定された水準の意味を一般国民が容易に認識できるような性能表示制度の開発等を実施することが，わが国の安全性の向上と耐震工学の発展を促進する可能性があるといえる．

3節　目標水準設定において考慮すべき事項

3.1　これまで経験的につくられてきた構造物の性能

3.1.1　基本的な考え方

　これまでに一定の法基準に基づき設計されてきた建築物は，現実性のある建設コストの範囲で建設され，災害時にどの程度の性能を有してきたかについて，最も経験的データの蓄積の多いものである．また，それらは，基本的には，長期にわたって社会に受入れられてきたものであり，その性能水準と比較して判断することは現実的である．

　従来の設計法で設計されたものが，新たな評価指標を用いるとどのような値になるかをみたうえで，新しい設計法の性能水準や設計に用いる各種の係数を設定することが必要である．この作業をコードキャリブレーションといい，性能水準を定量的に表す尺度として，信頼性指標や破壊確率といった確率的な尺度を用いることができる．

3.1.2　構造性能水準評価において考慮すべき不確定要因

　建築物の構造形式や形態は多様であり，また敷地条件や荷重環境も建築物ごとに異なるため，たとえ同じ設計法に基づいて設計されていても，建築物ごとに構造性能は大きくばらついている．また，特定の建築物についても，荷重のもつ不確定性や構造特性のばらつきなど，構造性能水準の評価には多くの不確定要因が関係する．したがって，従来の設計法により設計された建築物の構造性能水準を定量的かつ客観的に評価するには，以下にあげるような不確定要因を適切に考慮することが必要である．

(1)　荷重のもつ不確定性

　わが国の建築物にとっては，地震に対する安全性の確保が重要な課題である．しかし，地震の発生とその大きさを事前に予測することは不可能であり，建築物の安全水準の評価には地震荷重のもつ不確定性が大きく影響する．地震は断層の破壊等に伴い発生する自然現象であるため，現象それ自体が大きな不確定性（物理的不確定性）を有する．また，大地震の発生はきわめてまれであることから，過去の統計資料も少なく，データの不足による統計的な不確定性も大きい．さらに，地震動は動的に建築物に作用する荷重であるが，構造設計ではこれを静的な地震力にモデル化したり，あるいは地震応答スペクトルとして与える場合が多い．この場合，モデル化に伴う誤差が生じる．そうした不確定性を低減するための資料・研究成果の蓄積が求められる．

　風荷重や積雪荷重については，地震荷重に比べると比較的統計データが得られているものの，確率的な頻度に基づいた荷重の設定は現状では十分になされていない．積載荷重については，実況に応じて設計荷重を設定するのが望ましいが，緊急時や引越しの際など非日常的に生じる積載荷重の変動を適切にモデル化するだけのデータの蓄積はまだ十分にはない．

(2) 建築物や支持地盤の特性の不確定性

建築物の材料強度やヤング率などの構造特性値は，本来ばらつきを有する値である．構造安全水準の評価にあたっては，構造特性の不確定性は荷重の不確定性に比べると影響は小さいとして無視されることが多い．しかし，建築物の応答が非線形領域に及ぶ場合には強度の低下に伴って応答が急激に増加する場合がありうるため，強度の不確定性については設計において特に考慮することがある．例えば，材料強度の統計分布から，強度の下限値と上限値をそれぞれ指定する考え方がある．また，建築物の支持地盤の特性については，地盤材料が本質的に均質な材料ではないことや，場所により特性が異なるなど，大きな不確定性が伴う．しかし，実測データが限られていることなどから，地盤の不確定性のモデル化に関する研究はあまり進んでいない．

(3) 性能評価手法の不確定性

荷重に対する建築物の変形・応力を評価する際にも，設計式や解析方法によって結果がばらつくことが知られている．例えば，鉄筋コンクリート造部材のせん断強度は，荷重条件や試験体の形状の違いなどにより実験結果が大きくばらつくが，設計式は通常，安全側の評価値を与えるように設定されている．また，建築物全体の挙動を解析する際にも，部材レベルで詳細に解析することは実用的ではないので，床の水平剛性を無限大と仮定して層ごとに挙動を計算するなど，目的に応じた簡略化や理想化が一般に行われる．そうした設計式や解析方法のモデル化により誤差が生じることがある．

(4) その他の不確定要因

建築物の設計・施工の過程には，人間の作業が介在しているため，人為的ミスによる性能のばらつきが発生する．このばらつきは，一般にヒューマンエラーと呼ばれ，構造安全性に及ぼす影響が大きいことが認識されているが，その量的あるいは質的な把握が必ずしも容易ではないため，設計において積極的に評価の対象として考慮されていないのが現状である．

3.1.3 確率論に基づく構造性能水準評価

構造性能に係わる不確定要因を数理的に扱うには，その不確定性の性格によって，確率論，ファジィ理論など様々な手法を用いることができる．このうち，確率論は工学の分野において以前より広く利用されている．また，現象を確率論的に把握することで，地震・風・積雪などの各種の荷重に対して共通の尺度で性能水準を議論することができる．

性能水準評価において，すべての不確定要因を確率量として扱うことは解析が複雑になり実用的ではない．どの不確定要因を考慮すべきかの選択の方法として，感度解析により要因の変化が結果に及ぼす影響（感度）が大きいものだけを確率量とみなす考え方がある．

確率論を基本とした水準設定においては，荷重に対する建築物の状態が限界状態を超過する確率の評価が重要であるが，厳密にそうした確率を評価することは，確率分布を規定するための情報が一般には十分に得られないこと，複雑な積分計算を必要とすることなどのために実用的ではない．特に，安全水準が高い場合には，確率分布の裾野の形状が大きく関係するが，それを規定するための統計データ（過去の大地震の記録など）は，きわめてまれにしか得られない．したがって，実際的な尺度としては，確率変数の1次および2次のモーメントに基づいた信頼性指標が用いられることが多い．例えば，米国のLRFD（荷重耐力係数設計法）や日本建築学会「鋼構造限界状態設計

法規準（案）」などでは，構造性能水準はキャリブレーションをもとに設定されており，性能水準の指標としては信頼性指標を用いている．また，ISO2394の中でも信頼性指標の目標値が与えられている．

3.1.4 従来の設計法による建築物の構造性能水準

従来の設計法による建築物の構造性能は，以下の2つの側面から検討することができる．
① 設計法における設計荷重の水準と許容値から，設計法の目標性能水準を明らかにする．
② 設計法により実際に設計された建築物を例に，応答値が限界状態を超える確率から建築物が保有する構造性能を明らかにする．

従来の設計法が仕様規定である場合には，設計で用いる荷重がいかなる頻度で生起するのか，あるいは建築物の許容値がどのような性能（使用性や安全性）に対応しているのかといったことは必ずしも明らかではない．この場合，設計荷重の大きさを再現期間や超過確率といった尺度で定量的に表すことで，対応する設計クライテリアから設計法が目標とする性能水準をある程度明らかにすることができる．

一方，実際に設計された建築物は，少なくとも設計法で要求する事項を満足するように設計されている．したがって，実際の建築物の性能水準は，設計法で要求している性能水準よりも一般に高い水準にあると考えてよいだろう．しかし，設計法が仕様規定であり，要求する性能水準が明らかでない場合には，設計法の仕様は満足しても結果的に設計法が暗黙のうちに求めていたと考えられる性能を満足していない場合も当然ありえる．そのような場合には，実際に設計された建築物の性能水準を調べることで，間接的に設計法が目標としている性能水準を知ることができる．

3.1.5 現行建築物の構造性能水準の評価事例

現行の建築基準法施行令における構造規定の多くは仕様規定であり，性能の水準が必ずしも明確に示されているわけではない．しかし，現行基準により具体的に設計された建築物の性能水準を調べることで，間接的に現行基準の性能水準を知ることができる．本検討では，現行の法令により設計された建築物が有する構造性能水準を，信頼性指標 β により明らかにするための検討を行った．この時，荷重の大きさを確率的にモデル化する方法には様々の方法があるが，ここでは比較的最近の研究成果が反映されている日本建築学会「建築物荷重指針・同解説」に示された方法を基本にしている．

(1) 地震荷重に対する性能水準

地震荷重に対しては，同じ敷地条件のもとでは，建築物の構造形式の違いによる安全水準の違いはさほど大きくないことがわかった．例えば，図-2.1に示されるように，終局限界状態に対する基準期間50年での信頼性指標 β の値は，純フレーム構造の事務所建物の場合，RC造，S造ともに2.0程度の値という結果が得られた．これは，現行の法令が保有水平耐力の確認を2次設計で義務づけていることが大きな理由と考えられる．一方，今回の解析からは，現行の法令で同じ地震地域係数であっても，東京と大阪では信頼性指標 β でみた安全水準には差があり，大阪を敷地とする建築物の方が東京よりも全般に耐震安全性が高いという結果を得た．

また，現行の法令で規定する地震荷重の大きさを再現期間や超過確率により評価した．その結果を図-2.2に示す．図より，対象とする地域によって若干の差はあるが，標準ベースシャー係数

$C_0=0.2$ が再現期間で 30 年程度，$C_0=1.0$ が 500 年程度になっていることがわかる．

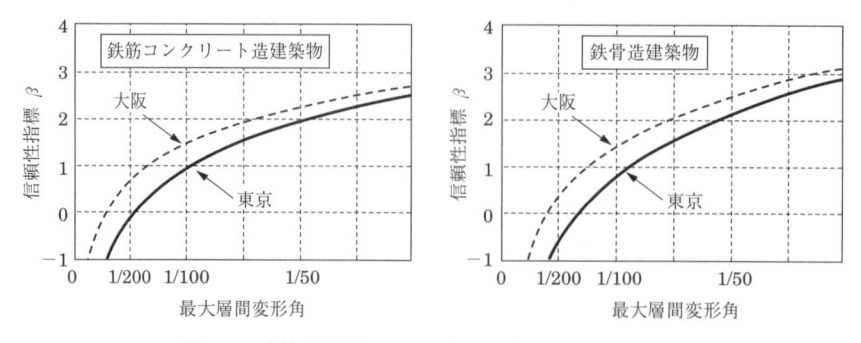

図-2.1 事務所建築物における信頼性指標 β（基準期間 50 年）

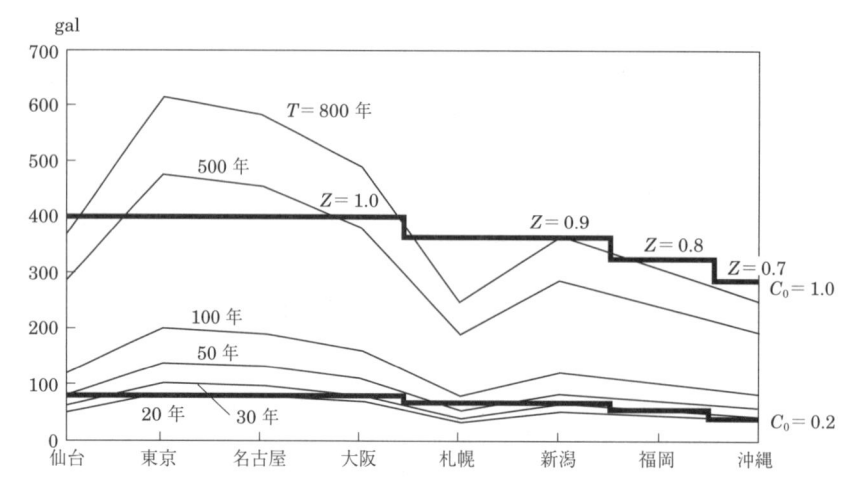

図-2.2 全国各都市における最大地動加速度（T：再現期間，Z：地震地域係数）

(2) 積雪荷重と風荷重に対する性能水準

　検討対象建築物は，積雪荷重や風荷重によって安全水準が決ると考えられる平屋倉庫とした．**図-2.3** に概要図を示す．この建築物に対して性能水準を評価した結果を**図-2.4**に示す．建築物の使用限界状態に対する期間 1 年での信頼性指標 β は，積雪荷重と風荷重ともに 2 程度となった．また，建築物の崩壊に係わる終局限界状態に対する期間 50 年での β の値は，積雪荷重で 2 程度，風荷重で 3 程度と異なる値となった．これは，現行の法令では積雪荷重や風荷重に対して許容応力度設計しか要求しておらず，終局耐力の確認を要求していないために，建築物の不静定次数によって崩壊メカニズム形成までの耐力の余裕が異なり，結果として荷重や建築物により安全水準にばらつきが生じたものと考えられる．

　また，積雪荷重の大きさは基本的には地方行政庁において値を設定することとされているが，その設定方法は必ずしも統一されてはおらず，地域によって荷重の再現期間はばらついている．風荷重についても，過去の最大級の風の強さ（室戸台風）を基準に設定されているために，地域性が十分に考慮されておらず，やはり荷重の再現期間のばらつきは大きい．

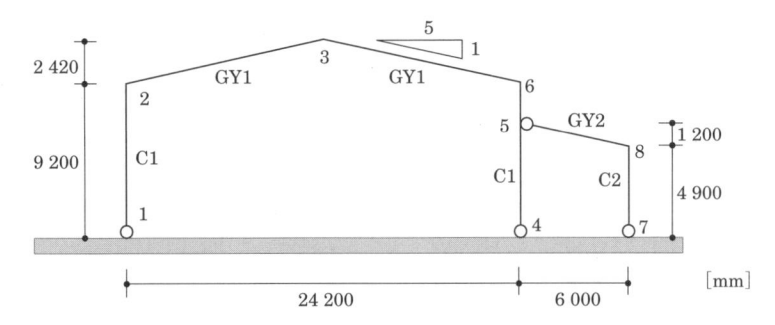

図-2.3 検討対象建築物の概要図

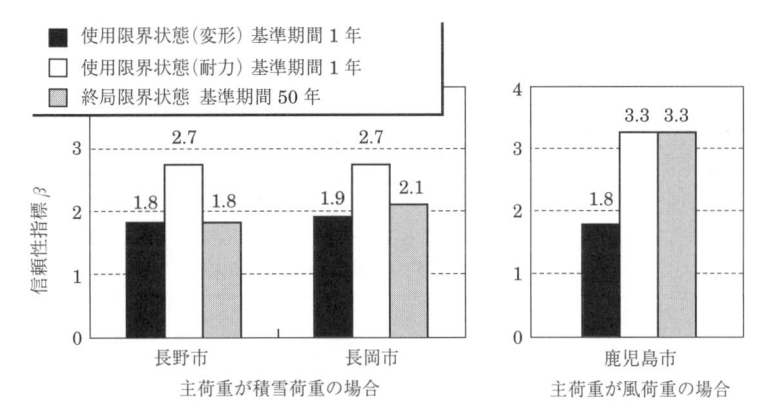

図-2.4 各建設区域における信頼性指標 β

(3) 積載荷重に対する性能水準

標準的な事務所建築の鉄筋コンクリート造床スラブを対象に性能水準の評価を行った．この時，日常的な積載荷重に対する使用限界状態（床スラブのたわみやひび割れ制限）と，非日常的な積載荷重に対する終局限界状態（スラブ筋の降伏）について検討した．それぞれの積載荷重の状態を，**図-2.5**に示す．また，得られた信頼性指標 β の値を**表-2.1**に示す．

積載荷重に対する現行の法令により設計された床スラブの構造性能は，使用性，安全性ともに高い水準にあり，信頼性指標 β で 4～5 程度が確保されている．また，法令に示されている積載荷重は，おおよそ日常の積載荷重分布の非超過確率 99% 値に対応している．

図-2.6に，本検討から得られた信頼性指標 β の値を，使用限界状態・終局限界状態のそれぞれについて，各主荷重ごとに示している．ここに，E は地震荷重，S は積雪荷重，W は風荷重，L は積載荷重である．なお，使用限界状態の地震荷重に対する信頼性指標には，基準期間 50 年で求め

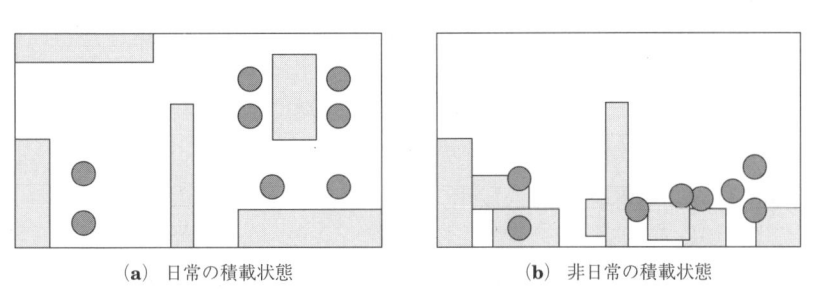

図-2.5 日常と非日常の積載状態

第 2 章　目標水準設定の考え方

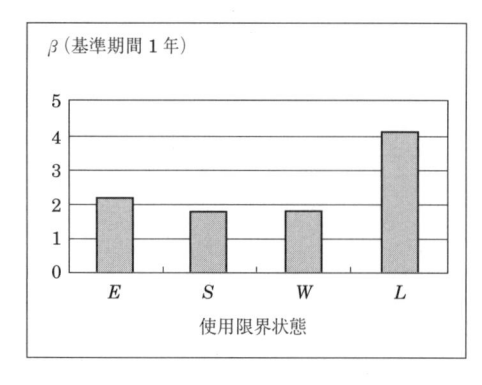

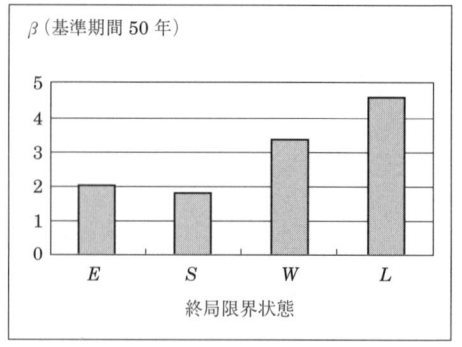

使用限界状態の定義
・地震荷重：最大層間変形角＜1/200
・風荷重：最大層間変形角＜1/120
・積雪荷重：梁のたわみ＜1/300
・積載荷重：床スラブのたわみ＜1/250

終局限界状態の定義
・地震荷重：最大層間変形角＜1/50
・風荷重：崩壊メカニズム形成
・積雪荷重：崩壊メカニズム形成
・積載荷重：床スラブの鉄筋降伏

図-2.6　各限界状態における信頼性指標 β の値

表-2.1　積載荷重に対する床スラブの構造性能（事務所建築物）

限界状態	限界値	β
使用限界状態	長期たわみ　1/250	4.1（日　常）
	最大ひび割れ幅　0.3mm	5.0（日　常）
終局限界状態	引張鉄筋の降伏	4.5（非日常）

られた信頼性指標を近似的に基準期間 1 年の値に換算したものを用いている．これより，地震・積雪・風荷重に対する性能水準は，現行の建築物の場合，それほど大きな違いはなく，使用限界状態に対しては基準期間 1 年の β で 2 程度，終局限界状態に対しては基準期間 50 年の β で 2 〜 3 程度になっている．また，積載荷重に対しては，他の荷重に比べ高い構造安全性が確保されている．ただし，この結果は特定の建築物を対象として得られたものであり，対象とする建築物が変れば，当然結果も変ることが予想される．このような検討を引続き多くの現行建築物に対して行うことで，現行の法令に従って設計された建築物の有する性能水準を定量的に把握することができるものと考えられる．

また，残された検討課題として，以下の点があげられる．

(1) 建築物集合としての安全水準評価について

現実の建築物は構造形式や形態が多様であるため，より多くの建築物の性能水準を評価することで，そうした多様性による構造性能のばらつきの影響を考慮していくことが必要である．また，建築物は社会的存在であり，その安全水準の設定は社会的要求も反映して決められるものである．したがって，個々の建築物の性能水準評価にとどまらず，地域に存在する建築物全体として確保されている性能水準についても評価していく必要があるだろう．

(2) 荷重の確率モデルについて

地震荷重に対しては，大地震に関するデータがきわめて少ないことから，活断層情報や震源モデルによる研究成果を取入れるなど，より信頼性の高い確率モデルの構築が必要である．特に，安全水準が高い場合には，確率分布の裾野の形状が大きく関係するため，きわめてまれな事象である大

地震の発生をいかに適切にモデル化するかが，水準評価において重要になる．

積雪荷重および風荷重については，現行の法令では許容応力度計算のみを要求しており，終局耐力の確認をしていない．そのため，架構の不静定次数や部材の座屈・破断形式などの影響により，安全水準にばらつきが生じる結果となっている．今後，実際の被害との対応を含めて，積雪荷重や風荷重に対する目標とすべき安全水準を明らかにする必要があるだろう．

また，地震・積雪・風荷重は，建築物周辺の環境（敷地条件や地盤条件など）により値が変動する．荷重の算定にあたっては，そうした局所的な荷重環境を適切に評価することが必要であるが，今回の解析では，同じ設計条件の建築物であっても，性能水準は地域によりばらつく結果となった．設計で目標とする性能水準を実現するためには，信頼性の高い荷重設定が重要である．

積載荷重については，人為的要素が関係してくるために，荷重の不確定性の評価とそのモデル化の方法は十分に確立されているとはいえない．特に，非日常的に生じる過大な積載荷重を設計においてどのように考えるかは，安全性に係わる重要な問題である．

最後に，建築物の目標性能水準は，本来，様々な荷重の組合せのもとで異なる水準とするのが一般的であるが，本検討の対象が主として安全水準の評価にあることから，安全性に影響すると考えられる主荷重のみを取上げている．今後，荷重の統計的な組合せと，それに対する建築物の性能水準評価について検討する必要がある．

(3) 現行水準に基づくコード・キャリブレーション

新しい設計法における目標性能水準を，既存の建築物の性能水準に基づいて定める際には，次のような点を考慮しなければならない．既存の建築物の構造性能水準はばらついており，その最低値にあって社会的に受容されているとみなせば，最低値を目標値とすることはできるが，結果として，平均としての安全性が低下するという懸念が出てくるだろう．この場合は，水準の平均値を目標値として設定することも考えられる．また，新しい設計法の安全水準の設定は，キャリブレーションのみで設定できるものでないことも明らかである．他の節において扱われているバックグラウンドリスクや経済合理性などの視点を含めて，多角的に判断することが重要であると考えられる．

3.2 バックグラウンドリスクからみた安全水準の検討

3.2.1 基本的な考え方

建築物にどのような安全性がどの程度付与されるべきかという問題は，従来，ややもすると技術的・経済的観点からの判断が事実上優先し，人命リスクの観点からの定量的な検討とその結果に基づく判断は，一部の場合を除いてほとんどなされてこなかったといってもよい．

しかしながら，このような検討なしには，現在確保されている建築物安全性を社会がどのように受けとめているかについて，明快な情報を得ることはできない．このことは，設計行為の自由度を増そうとする場合，特に大きな障害となることが予想される．

ここでは，我々の生活上に存在する様々な死亡リスクを，バックグラウンドリスクという考え方のもとに相対的に位置づけることで，建築物に求められる安全性能の水準を探ろうとするものである．ただし，ここでの議論は社会的コンセンサスを得られる安全水準決定のプロセスの初歩段階と位置づけられるものであり，このような議論の積重ねが，建築における合理的なリスクアセスメント・リスクマネージメント体系を整備していく一要素になると期待するものである．

3.2.2 死亡リスクのとらえ方と表現方法

バックグラウンドリスクとは，一般的には例えば地表にいることで必ず浴びることになる放射線（バックグラウンド放射線）に伴うリスクのように，自然界に常時存在しているため逃れ難いリスクの意で用いられるものと考えられるが，ここではバックグラウンドリスクをより広義の意に解釈し，死亡リスク全般を我々の生活のバックグラウンドに存在するリスクとして取扱う．

ここで，リスクの定義を確認しておくと，多くの場合

$$リスク＝(不利益な事象の大きさ)\times(その事象の発生割合)$$

と表現される．しかしこれは確率・統計論に基礎をおいた定義であり，リスクの表現方法は本質的に多様なものである．上式のように完全に客観的・定量的な確率・統計論に基づく表現から，定性的な表現，個々人の主観に基づく表現まで様々な表現方法がありうる．しかも問題をより複雑にしているのは，「確率」に関する議論が決着をみていないことである．その問題も含めて，これまで，リスクの確率表現に関して社会心理学の観点から多くの検討が加えられ，特にリスク認知と意思決定の問題について広く詳細に論じられた．そこでは大きな問題点の１つとして，リスクの確率表現とリスク認知とが，事象の性質によって一致しない場合のあることが指摘された．さらに，本検討の中で実施された耐震性能アンケート調査の結果からもわかるように，危険性の程度が理解しやすいかどうかという点に関して，確率などの定量的表現は一般的に最下位にランクされる方法である．

一方で，「十中八九」，「千三つ」，「万が一」などの確率的表現は生活上なじみ深いものであり，我々の生活の中に確率的表現を取入れる素地は十分備わっているものとも考えられる．

このような問題点を含みながら確率・統計論的にリスクを表現する理由は，純粋に技術的要請によるものであるが，これらリスク認知に係わる人間心理の一般的特性は，現状では確率・統計論手法に頼らざるをえない定量的リスク評価とそのフィードバックに基づく設計水準設定手法の体系化にとって，非常に解決困難な問題を提示している．したがって，バックグラウンドリスクの考慮に基づく安全水準設定を有効な手法とするには，多くの人がそれぞれの事象の示す確率と矛盾せずリスクを理解できる表現方法を探ることであり，そのための情報開示・広報活動を十分に実施することであろう．

さて，従来より数多くのリスク研究・分析では，疾病，事故・災害における様々な死因について，それぞれの行為・行動・活動に「関わった時間当りの死亡リスク」という考え方を基に死亡率が定義されその推移・現状が示されてきた．例えば，自動車運転者の死亡リスクは「１億輸送キロ当りの年間死者数」で表現されている．既に指摘してきたように，この方法では死因間の直接の比較ができず，個々の死亡リスクがバックグラウンドリスクの中でどのように位置づけられるか明確にならない．そこで本検討では総ての死因の死亡率を「人口10万人当りの年間死者数」に統一して表現している．

死亡リスクを[死者数／人口10万人]で表現した理由を以下に述べる．本項冒頭に述べたリスク表現法が多様であるということは，リスクアセスメントを行うにあたって特定の視座の設定が必要であることを示している．アセスメントの結果をどのように利用するのか，すなわちリスクマネージメントが策定されている必要がある．いま，死亡危険をもつ行為について考えてみると，その行為の死亡リスク推定にあたっては，「その行為が選択される可能性」と「その行為自体のもつ死亡危険性」の区別・取扱いが重要であると思われる．なぜならば，リスクマネージメントの観点からは，この両者は異なった対応を必要とする，例えばリスク削減対策として行為の選択を制限する

か，行為に伴う危険部分を排除するかは別の対応のように思われるからである．

従来多く用いられてきた死亡率は後者（行為自体のもつ危険性）に的を絞って推定されているものであるが，この指標に基づけば，例えば自動車を何キロ運転すればどの程度死亡危険があるのか，といった個々の行為の絶対的危険度が明らかとなり，そこから運転行為に伴う危険部分の抽出と排除が可能となる．しかしながら，この指標では異なる行為間の危険性の比較，すなわち相対的な危険性を明らかにすることはできず，また当該行為を選択することが前提となっているため，後述するリスクの許容水準を探るためにも適切とは思われない．バックグラウンドリスクの中での許容水準という考え方を導入するためには，社会全体の中で「その行為が選択される可能性」の側面が大きな意味をもつはずであり，推定リスクにその要素が取込まれている必要がある．本検討で「人口10万人当り」を基準にリスク分析を行ったのは，この基準には上述の側面が含まれているものと考えるからである．

3.2.3 各種死亡リスクの最近の動向

図-2.7は疾病・事故・災害の死亡リスク推移を示したものである．ここで全疾病，不慮の事故（全体），交通事故，建物火災，自然災害いずれについても，死亡率は人口10万人当りの年間死者数で表している．また，自然災害は豪雪・地震・台風・強風の合計である．図-2.7からは，全疾病と最もリスクの高い事故と目される交通事故との間に2桁の差があること，不慮の事故の推移傾向が交通事故の影響を強く受けていること，交通事故，火災，自然災害の順にリスクが1桁づつ低下している様がよくわかり，この結果がバックグラウンドリスク内でのそれぞれのリスクの概

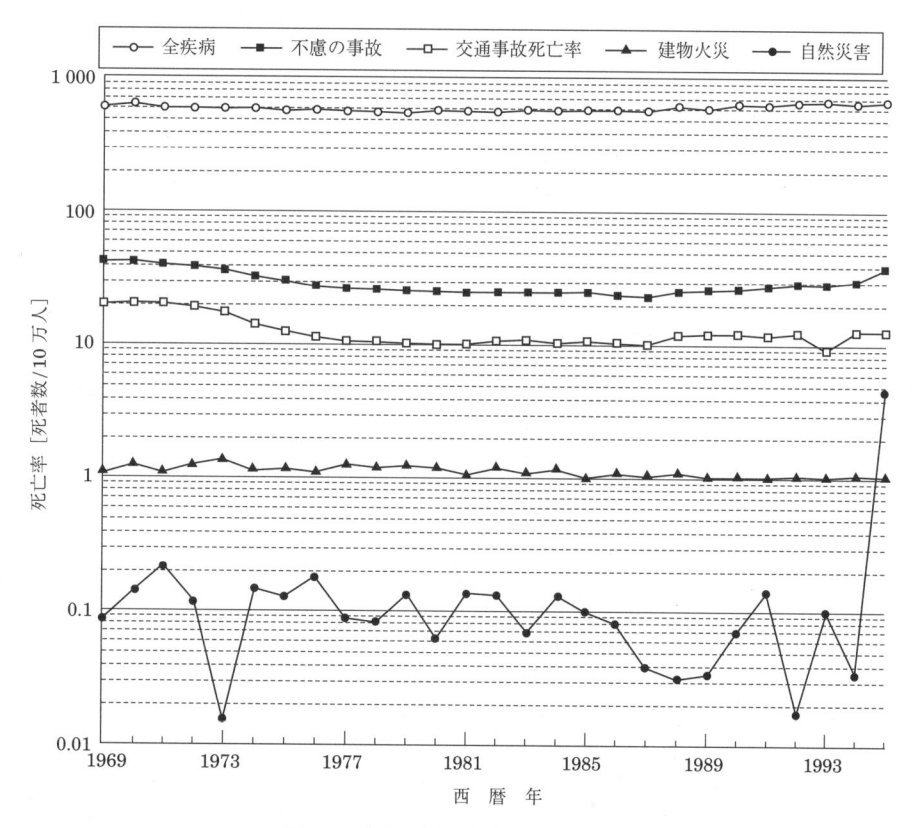

図-2.7 疾病・事故・災害リスクの経年推移

第2章　目標水準設定の考え方

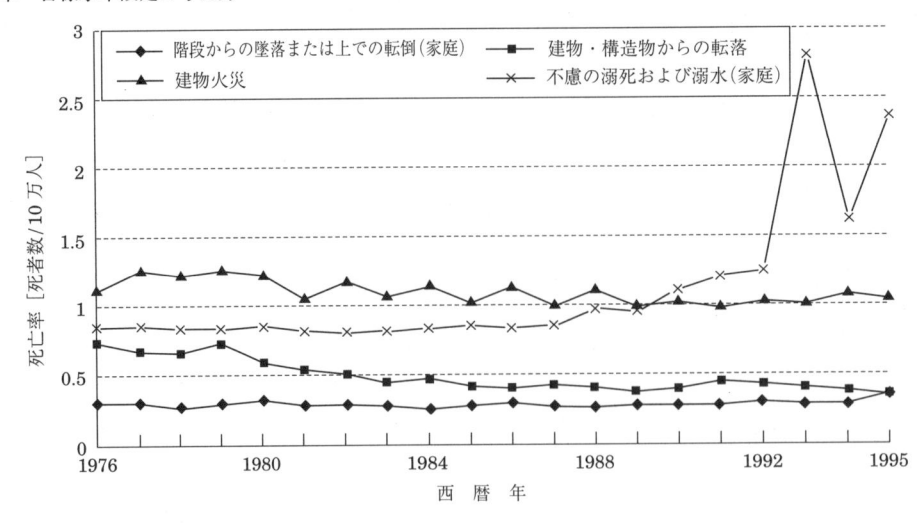

図-2.8　家庭災害および建物火災のリスクの経年推移

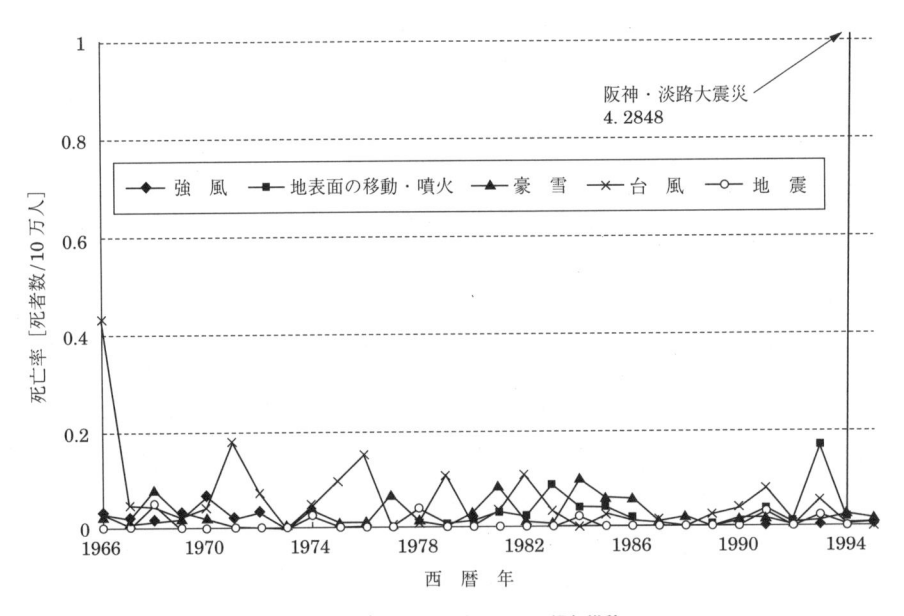

図-2.9　自然災害リスクの経年推移

略的な位置づけであろうと思われる．これを年間死亡確率にしてみると，全疾病で10^{-2}/年，交通事故で10^{-4}/年，建物火災で10^{-5}/年，自然災害で10^{-6}/年程度となる．ただし自然災害については，阪神・淡路大震災のあった1995年の値が建物火災を超え，$4×10^{-5}$/年程度まで急上昇している．阪神・淡路大震災がいかに激甚な災害であったかがわかるとともに，ここに示されたリスク推移の挙動が自然災害の特質を表現する例ともいえよう．

図-2.8は，家庭災害と建物火災のリスクの1976～1995年にわたる推移を示したものである．ただし，ここにおいても死亡率は人口10万人当りの死者数で表現している．**図-2.8**によれば，家庭で階段から墜落または転倒するリスクはこの間ほとんど変化せず，年間確率で$3×10^{-6}$あたりにあり，建物火災についても増減を繰返すものの年間確率で$1×10^{-5}$あたりにあることがわかる．一方，建物・構造物からの転落のリスクは50%近く低下して階段からの墜落・転倒に近づいており，

また家庭での溺水は 1987 年以降急激に増加に転じている．

図-2.9 は自然災害リスクについて 1966〜1995 年の推移を示したものであり，これをみると，自然災害のリスクは年変動がきわめて大きいものであることがわかる．しかしながら，個々の災害リスクをみると，台風のリスクが逓減してきていることがわかると同時に，豪雪，強風，地表面の移動のリスクはほとんど変化していないことも読取れる．さらに，地震の 1995 年の値からは，自然災害のリスクの特徴として，個別の事象にきわめて強い影響を受けることが明らかとなる．

図-2.10 は家庭災害について 20 年間の平均値，最小値，最大値を，**図-2.11** は自然災害について 30 年間の平均値，最小値，最大値をみたものであるが，事故・災害に関してはリスクの高いものほど年ごとの変動が大きい様子がうかがわれる．また，家庭災害で最もリスクが低い階段からの墜落と，自然災害のうち最もリスクが低い強風とでは，1 桁の差があり，一見したところこれが家庭災害と自然災害の位置づけのようにみえる．しかしながら 30 年間というタイムスパンを考えると，家庭災害と自然災害では母数，すなわちその事象に係わった人口が大きく異なることは経験的

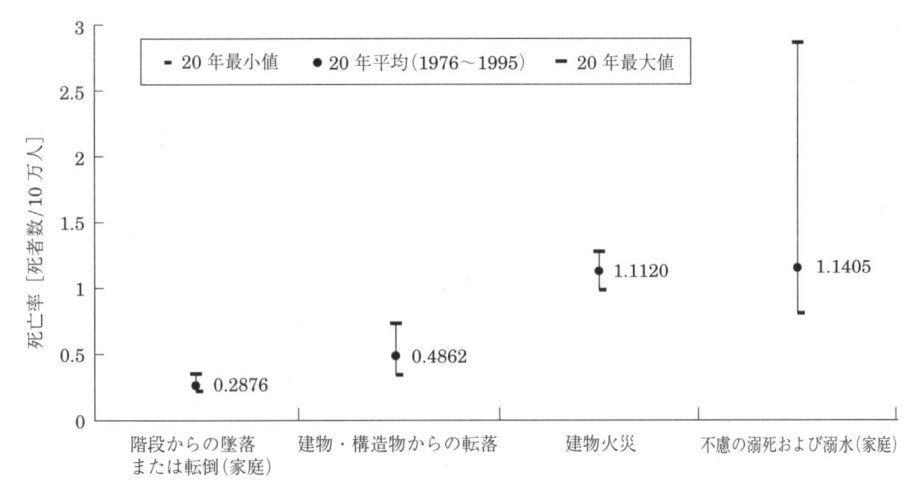

図-2.10 家庭災害リスクの 20 年間平均と最大値・最小値

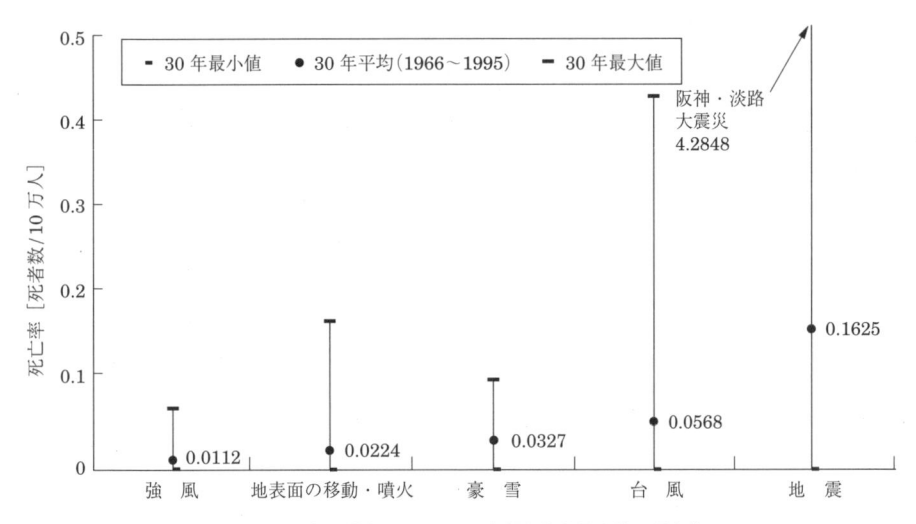

図-2.11 自然災害リスクの 30 年間平均と最大値・最小値

に明らかであり，特に豪雪などは母数を厳密に特定できるならば，ここに示された平均値をはるかに上回るものと推測される．

さらに自然災害では，地震にみられるように，阪神・淡路大震災のような大災害が発生すると平均的にはとらえられない結果になるケース，同様に地震と強風の30年間平均値が10倍異なっている一方で，地震では平均値と最大値が20倍以上異なっているなど，級間較差よりも級内較差の方が大きいケース，のあることなどにも注意が必要であろう．また，地震リスクの大きな部分が建物の倒壊によりもたらされることを考えると，データの収集・分析期間をある程度以上延長しても，その間に建物構造強度が著しく変化している可能性もあり，これらのことから，いくつかの自然災害は30年間のタイムスパンでみる限り，バックグラウンドリスクとして相互に位置づけることが困難なようである．

ここで，上図の結果についての意味と注意点を述べておく．死亡リスクは本来その活動に係わるか否かで決定されるものであり，ここで示したように国民全員が等しく均等に係わるとの前提で算出された値はリスクの実態を的確に表現しないであろうが，しかしそれゆえに，ここに示された結果はそれぞれの死亡リスクの平均的な下限を与えるものと考えられる．すなわち，例えば国民一人にとって建物火災のリスクは平均 10^{-5}/年，一生を最大でも100年と仮定すれば，生涯リスクとして少なくとも 10^{-3} 程度は負担しなければならない量ということになろう．言い替えれば，現状では平均寿命程度まで生き延びた人の1,000人に1人は建物火災で死亡するという割合になる．

ただしここでいう下限とは，数学的厳密さをもつものではなく，リスク算定にあたって事実上最大と考えられる母数を用いることにより得られる値という意味である．

3.2.4 リスク比較とリスク規制に関する問題点

設計水準を決定するための一要素としてリスク分析結果を利用しようという場合，大きな問題が2点ある．1点は既に述べたように，個々人のリスク認知が正確に把握できていないため，このようなリスク分析結果を基にした決定に対して社会的コンセンサスが得られないことであり，もう1点は死亡リスクに対する許容水準が存在するかどうかである．本来この2点は同根の問題であろうが，ここでは主に許容水準について考察する．

我々の心理の中に死亡の許容という構造が存在するかどうかはまだ確かめられてはいない．ただ，誰もが我々の行為・行動には死亡危険がつきものであることを事実として認めているし，死の危険を省みないような行為すら行われている．このことは，積極的にではないにしても，我々の中に寿命以外の死亡危険を許容する構造の存在することを示しているとも思われる．経済学の分野でよく使われる期待効用理論も同様の事情にあると考えられるが，死の許容リスク水準や財に対する効用関数を立証できるような心理構造は確認されていない点に注意が必要である．

死の許容，財の効用のいずれにおいてもそれぞれに対する心理構造の存在が確認されなければ，許容リスク水準や効用関数というとらえ方で陽に分析・評価することは適切ではなく，例えば死亡リスクの変動が長期間停止しているならば，さらに安全水準を引上げるべき積極的理由が見出せないならば，社会は現在のリスク水準を受入れているとみなすべきである．そしてそのうえで，死の許容リスク水準という心理構造の存在を仮定して，統計的事実から受入れ可能な水準を推定するという方法が合理的であろうと考えられる．ここに示したリスク推移の図は，社会全体をマクロにみた場合の下限リスクとその変動を表したものであるが，もしもこの変動が長期間停止しているならば，社会はその行為や状態のリスク水準を受容しているとみなすものであり，そのリスク水準との

比較で設計水準が定まるであろうとするものである．すなわち，これらのリスクを我々の時代・社会のバックグラウンドリスクと仮定した場合，特定の行為・行動のリスク水準が現状ではそれ以下にはできない下限リスクをもって，当面の目標水準として設定しようとするものである．

ただし，ここで目標水準設定にあたって注意すべきことは，リスクの変動がない場合であっても，その理由は個々の行為・状態で異なるため，現在のリスク水準を社会が受入れていると安易に判断はできない点である．特定の行為のリスクが変動しない理由を，例えば
① 技術的，経済的等の問題から下げることができない
② 諸対策の有効性が低いので下がらない
③ 下げるべき努力を怠っている

などに区別して明確にする必要があろう．そうでなければ設定された設計水準は決して受入れられることはない．

また，本プロジェクトでは建築物の耐震性能に係わる事項についての一般の認知を探るため，建築物の一般ユーザー，オーナーおよび建築関係業とみなされる人々を対象にアンケート調査を実施しており，リスク関連項目に対してそこで示された結果にも十分注意が払われなければならない．

その結果にみられる非常に特徴的な点は次の2点である．
① リスク比較において，地震リスクと疾病リスクとを比べることはできないとする回答が，事故・災害リスクの場合より多い．
② リスクを考える場合に，リスクとベネフィット，あるいはリスクと行為関与の可能性のトレード・オフ関係が心理上大きな要因となっているようにみられるとともに，疾病と事故・災害とではリスクのとらえ方が異なっているようにみられる．

ここではリスクの心理評価を説明する一例として地震リスクとガンのリスクを取上げる．日本の全人口をベースに，1900～1993年までのデータを用いて30年間の移動平均による地震リスクを算定すると，年間リスクとして10^{-4}あたりから徐々に下がり，1970年代以降10^{-7}程度のリスクとなる．さらに，阪神・淡路大震災の結果を含めた同様の分析によれば，1995年時点で10^{-6}を超えることになる．この結果を人口10万人当りに直せば，年間ではほぼ0.2［死者数／人口10万人］の値となる．それに対して，悪性新生物（ガン）のリスクはおよそ年間200［死者数／人口10万人］である．

ところが，ここで地震リスクについて別の見方をしてみると，死者1 000人以上となるような大地震は，大都市圏で50年に1回程度発生すると推定される．事実，防災白書によれば，1945～1995年の51年間に死者1 000人以上の地震は4回起きている．

大都市で死者1 000人以上となる地震が50年に1回起こるという結果と，ガンの死亡率200［死者数／人口10万人］を並べられた場合，我々はそれぞれのリスクの大きさをどのように判断するべきであろうか．このように考えると，アンケート結果の「比べられない」という意見はきわめて妥当なものであることが理解される．

生活上遭遇する様々なリスクには，未だ不確実な要素，不確定な要素が数多く含まれる．例えば地震についていえば，地震の発生時期・場所・強度，実地震の外力を受けた時の建物の挙動・耐力，建物内の人間への被害のおよび方・被害の程度，火災の発生機序・延焼可能性，等々物理的な問題に関しても完全には解明されてはいない．ましてや，これほど多くの不確定な要素を含むリスクをどのようにとらえ，対処すべきかについての人々の心理はほとんどわかっていないといってもよい．特に，本検討では年齢・性など人間の属性別リスクの現状もみてきたが，災害弱者と考えられる高

齢者あるいは身体障害をもつ高齢者のリスクはきわめて高く，この状況をどのように判断すべきかも慎重に検討されなければならない．したがって，今後まずなすべきは，リスクと心理の実態が不明確なままリスク規制の強化を図ることではなく，より広範で詳細なリスクアセスメントを実施し，その結果を社会が理解しやすい形で広報する活動を進めることであろう．どのようなリスクをどれほど制限すべきかは，次のステップであろう．

ここでは各種リスクをバックグラウンドリスクとして同一次元で並べて示してきたが，そのような位置づけだけでリスク規制は語れないことを述べてきたとともに，確率・統計論的に定量化したリスクでも，表現の側面を変えると心理的に全く異なる結果として受取られる危険性も示してきた．さらにアンケート結果によれば，疾病と事故・災害というようなリスクの質的区別を心理の中でしている傾向のありそうなことも示した．意識するか否かに関わらず，建築物は我々の生活安全のためのシェルターとしての役割を担っている．その建築物の安全水準が，どのように，どれだけ確保されるべきかは，今後広範に検討される余地がきわめて大きいものと結論される．

3.3 建築物の使用期間に生じる総費用

3.3.1 基本的考え方

人命に関する安全性の水準が許容範囲におさまるように確認できている場合においては，経済合理性の観点からの目標性能水準の設定の有効な手段として，建築物の使用期間に生じる総費用を最小化する性能水準を目標性能水準とする方法がある．ここでは，この考え方を「総費用最小化原理」と呼ぶ．

総費用最小化という考え方は，経済合理性によるものである．人命の安全などに関係する性能については，もちろん，その水準を経済合理性のみによって選択することはできない．総費用最小化原理によって選択した目標水準は，人命安全などについては問題のない水準であることが前提となる．すなわち，その水準は，最低限，法による最低水準は満たしていることを前提とするものである．

なお，人命安全に関して，生命保険や損害賠償額の判例等から，人命を金銭的に評価して総費用に計上するという主張もあるが，それらの人命に関する金額は，補償額であって，その金額と人命が等価であることを意味するものではないことは強調されなければならない．人命などの修復不可能なものへの被害をも考慮した場合には，水準設定は総費用という金銭的指標だけではない複数の評価指標のもとで検討されなければならない．

通常，内部および周辺に人が居ず，破壊等が生じても人命への危害のおそれが無視でき，破壊の際に失われる財が修復可能財（修理，買い換えなどにより回復することのできるもの）であり，外部の第三者などへの影響がない場合には，そうした財の損失をも総費用の中に考えることで，総費用最小化の考え方を適用することは可能といえよう．

3.3.2 総費用の考え方

総費用最小化原理における総費用は，初期建設費用，使用期間中の維持管理費用，使用期間中の被災による損失の期待値の和に，使用期間中に得られる便益を差し引いたものと考えることができる．総費用最小化原理では，これらを性能水準による関数と考える．

一般的には，総費用は，次の式で示すことができる．

$$C_T(d) = C_I(d) + C_m(d) + C_{ef}(d) - B(d) \tag{2.1}$$

ここで，$C_T(d)$：総費用

$C_I(d)$：初期建設費用

$C_m(d)$：使用期間中の維持管理費用

$C_{ef}(d)$：使用期間中の被災による損失の期待値

$B(d)$：使用期間中に得られる便益

d　　：性能水準

この考え方による総費用には，次のような問題がある．例えば，

① 初期建設費用は計画時の確実な値であるのに対して，使用期間中の被災による損失の期待値とを同じ単位のものとして加算することの問題

② 経済的制約条件（予算の制約）の存在を明示的に扱っていない問題

などである．また，この方法固有の問題点ではないが，

③ まれに発生する被災などの事象の確率を計測することが可能であるかどうかの問題

④ 確率的事象の期待値に対する評価の問題

などもある．そうした問題点はあるが，総費用最小化原理は，一般的なわかりやすさなどもあって，いくつかの研究もされている．

式（2.1）において，各費用等は，その費用が発生する時が異なるので，厳密には利子率をも考慮する必要がある．ただし，簡単にするために利子率については考慮しないこともある．また，これも簡単にするため，維持管理費用C_mと便益Bについては，性能水準dに依存しないで一定値であるとすることもある．厳密には，性能水準によって建築物の破壊などが生じる確率が異なるため，これらの建築物の使用期間内における維持管理費用や便益も性能水準に依存する．さらに性能水準が高いことが何らかの利益を生む場合も考えられ，その時は明らかに便益は性能水準に依存する．便益を一定として除外する場合，本来は性能水準が上昇すると便益は増加すると考えられるため，便益を除外すると総費用を最小化する水準は低くなる傾向があり，危険側の結果が得られることに注意する必要がある．

使用中の被災による損失の期待値C_{ef}については，一般に，性能水準の関数である被災の確率（破壊確率）$P_f(d)$と被災した場合の損失額C_fの積と考えている．

$$C_{ef}(d) = C_f \cdot P_f(d) \tag{2.2}$$

このようにして，利子率を考慮せず，維持管理費と便益を性能水準に係わらない一定値と考えて総費用を最小化する水準の議論からは除外し，損失の期待値を破壊確率と損失額の積とした最も単純化した総費用最小化原理の式は次のようになる．

$$C_T(d) = C_I(d) + C_f \cdot P_f(d) \tag{2.3}$$

ここで，$C_T(d)$：総費用

$C_I(d)$：初期建設費用

C_f　　：損失額

$P_f(d)$：被災の確率（破壊確率）

d　　：性能水準

この場合，初期建設費用C_I，破壊確率P_fは，いずれも性能水準dの関数になる．ここで，まず，性能水準dをどのような尺度で表すかについては，いくつかのものが考えられる．例えば，性能水準dは，当該建築物がもっていると評価される安全確率そのもの，破壊に対する信頼性指標β，

建築物の耐力 R，あるいは耐力 R に代って，設計用外力の大きさ，例えば設計せん断力係数 C_0，などが考えられる．いずれにせよ，総費用を最小化する性能水準を目標水準とするわけであるから，基本的には用いようとする設計法や性能評価法と対応する尺度で性能水準 d は表されるべきである．

一方，初期建設費用 C_I と破壊確率 P_f はその性能水準 d の関数であり，性能水準との関数関係を得る必要がある．初期建設費用 C_I と性能水準 d の関係については，試設計やこれまでの設計例などからその関係を得ることになろう．建設費と設計せん断力係数との関係は，標準せん断力係数が0.1～0.5 の範囲でほぼ線形関係にあるという神田の研究[2,3]なども参考になる．

破壊確率 P_f と性能水準 d の関係については，性能水準 d として信頼性指標 β を用いる場合などでは信頼性指標 β と破壊確率 P_f との間に

$$P_f = \Phi(-\beta) \tag{2.4}$$

という関係がある．

性能水準 d として建築物の耐力 R や設計せん断力係数 C_0 などを用いる場合には，それらと破壊確率 P_f との関係を得る必要がある．破壊確率 P_f は建築物の耐力 R と外力 S との関係から得られるとして，耐力 R と外力 S の確率・統計的性質に基づいて，それらの分布形を仮定して計算する方法やモンテカルロシミュレーションにより求める方法などが考えられる．

$$P_f = \text{Probability}\,(R<S) \tag{2.5}$$

この時，耐力 R と外力 S とを単純に比較して破壊確率を求めるだけではなく，復元力特性などを考慮して損傷の程度を考慮し，その損傷の程度に応じて被災の際の損失額 C_f を評価することも可能である．

被災の際の損失額 C_f については，建築物およびその付帯物（構造骨組，非構造部材，設備・什器）などの被害額（修復する場合の費用も考えられる）に加えて，内容物の被害額，その建築物がもっていた機能の損失による被害額（逸失利益なども含む），社会への波及的被害額などを考慮すべきである．この時，建築物等の直接的物損額に比べて機能損失による被害，逸失利益や社会への波及被害の評価は簡単ではない．被災の際に生じるであろう様々な事象を想定した被災シナリオのようなものによって検討することなどが考えられる．これらの被害を計上しない場合には，C_f は過小評価されることになる．こうして C_f が過小評価された場合には，次項 3.3.3 に示すように，総費用を最小化する性能水準点が低く評価され，危険側になることに注意すべきである．

3.3.3 総費用を最小化する性能水準の傾向

個別の事例により違いはあるが，一般的には，総費用最小化原理により得られる総費用を最小化する性能水準（ここでは総費用最小化点と呼ぶ）は，次のような傾向をもつ．

① 被災の際の損失が大きい建築物では，総費用最小化点は高くなる．
② 性能水準の増加に伴う初期建設費用の増加が小さい建築物では，総費用最小化点は高くなる．
③ 総費用最小化点の付近では設計水準に対する総費用の曲線は平坦であることが多い．

簡単にするため式（2.3）を用いると，一般に，初期建設費 C_I は性能水準を高くすれば高くなる単調増加関数である．破壊確率 P_f は，性能水準を高くすれば急激に小さくなる単調減少関数である．一般に両者の和はある点で最小値をとる．それが総費用最小化点となる．

式（2.3）において，$C_T(d)$，$C_I(d)$，$P_f(d)$ の3つの性能水準の関数はすべて微分可能である

という前提をおけば，総費用最小化点では，次式が成立する．

$$\frac{dC_T(d)}{dd} = 0 = \frac{dC_I(d)}{dd} + C_f \cdot \frac{dP_f(d)}{dd} \tag{2.6}$$

すなわち，

$$dC_I(d) = -C_f \cdot dP_f(d) \tag{2.7}$$

総費用最小化点においては式（2.6）および式（2.7）が成立し，一般的には上記①〜③のような傾向をもつ．

上記①から，被災の際の損失が大きい建築物，例えば，重要物品などを収容している建築物，機能損失によって大きな被害が生じる建築物や波及被害の大きくなる建築物では，重要度係数などによって目標水準を高めておくことは，総費用最小化原理からも支持されることになる．

考慮の対象となる構造物と外力の発生状況などによって差があると思われるが，一般的には使用期間中における被災の際の損害の期待値は，設計水準の上昇に伴って急激に小さくなって 0 に近づいていく．これと初期建設費用の和である総費用の期待値は，式（2.6）のように総費用最小化点において設計水準に関する導関数は 0 であり，しかも，上記③に示したように総費用の曲線はきわめて平坦であることが多い．

3.3.4 総費用最小化による目標水準設定の事例

本項では，建築物の総費用を初期建設コスト，損傷修復コスト，損害コスト，および波及コストの総和として表し，その最小化により構造物の設計水準を設定する解析モデル[2.1), 2.2)]について説明し，このモデルを用いて，現行建築基準法・同施行令に準拠した標準的な建築物の設計水準に関して検討するとともに，様々な用途の建物の目標設計水準について例示する．

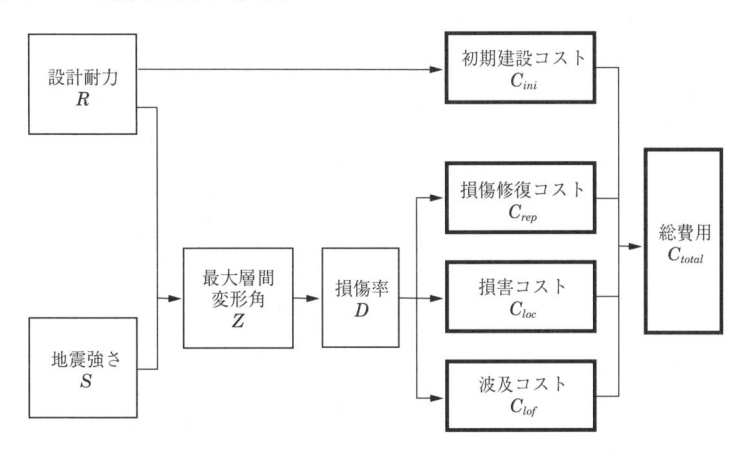

(1) **総費用算出のフロー**

総費用算出のフローを**図-2.12**に示す．

図-2.12 総費用算出のフロー

総費用のうち，建築物の設計耐力により初期建設コストが決る．次に建築物の耐力と地震動の強さにより建物の応答が決定し，層間変形角の程度により損傷率が決る．この損傷率を基に各損害コストが算出され，これら損害コストと初期建設コストの和が総費用となる．また，本解析モデルでは，建物の供用期間中の複数の地震による被害を考慮しているので，各地震ごとの被害コストは累

第2章　目標水準設定の考え方

積され，総費用に算入されることとなる．

　構造物の耐力，地震の強さはいずれも不確実な量であり，本節の解析では適宜確率変数または確率過程としてモデル化している．したがって，総費用の算出はモンテカルロ（Monte Carlo）シミュレーションを用いている．

　以下，これらのコストの具体的なモデル化の考え方，および総費用計算方法について詳述する．

a．耐力モデル

　図-2.13は，本解析に用いた耐力モデルを示したものである．新耐震設計法においては1次設計の設計クライテリアとして，構造部材が弾性範囲にあり層間変形角が1/200以下であることが定められているが，実際の建物はその1.5〜2.0倍くらいの荷重に対しても弾性範囲内にある設計となっている．そこで，層間変形角が1/200に達する荷重をS_sとして，S_sの地震荷重強さのq倍までは弾性域にあると考え[*1]構造物の降伏時の層間変形角Z_yとその時の地震荷重強さS_y($=qS_s$)を表す．

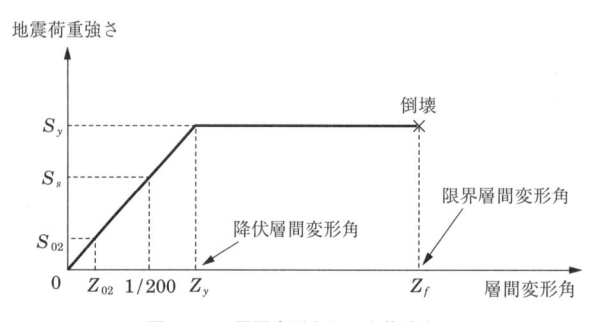

図-2.13　層間変形角と入力荷重強さ

　地震被害の評価には応答層間変形角を求める必要がある．ここでは，弾性系と弾塑性系におけるエネルギー一定則が成立するものと仮定して応答層間変形角を求める．

　なお，地表面最大加速度が100cm/s^{2}に達する時に，最大層間変形角がZ_{02}となるような耐力を標準設計モデルR_0とする．

b．コストモデル

　建築物のコストには，建築物の生産・維持・管理・運営等の種々の局面に特有のものがある．**図-2.12**に示すように，建築物総費用に算入するコストを以下の4種類に分類して取扱う．

① 初期建設コスト C_{ini}
② 損傷修復コスト C_{rep}
③ 損害コスト C_{loc}
④ 波及コスト C_{lof}

具体的には，
① 初期建設コスト：主として建築物の設計および施工に要する費用であり，建築物の供用（使用）期間の最初に投じられる．
② 損傷修復コスト：建築物が供用期間中に荷重・外力の作用により損傷を生じ，その損傷を修復（修理）するために必要となる費用である．したがって，供用期間中の損傷を修復する度に

注）[*1] qの値は建築基準法における構造特性係数D_Sを使って形式的に$q=D_S/0.2$と表すことができる．しかし，qは単純に降伏点のみを決定する係数であり，塑性変形能力も表しているD_Sとは異なる．

支払われるコストである．
③ 損害コスト：建築物の受けた損傷に伴って直接的に生じた，建築物内に納めている財（家財，商品など）の損害額および軽度な人的被害（後遺症を伴わないけが等）に対する治療費用等である．
④ 波及コスト：建築物内で営まれている活動・機能が建築物の損傷によりその一部または全部が損なわれることに伴い波及的に生じた費用である．

①および②は建築物自体に係わるコストであり，一方，③および④は建築物の運営に係わるコストであるという見方もできる．例えば，倉庫等では損害コストが，情報ネットワーク管理センター・災害避難センターを兼ねる公共施設などでは波及コストが，それぞれのコストの内で相対的に重要なコストとなろう．

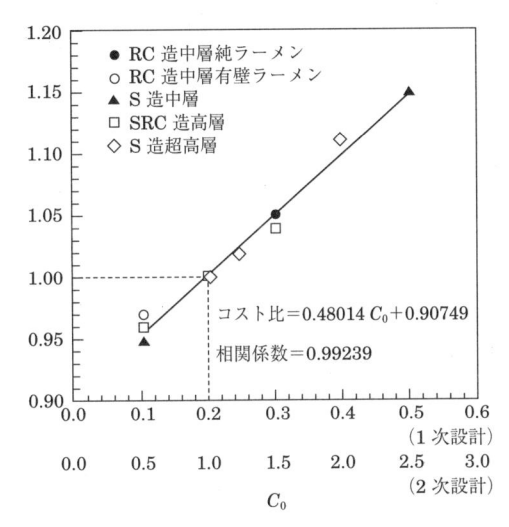

図-2.14　標準せん断力係数 C_0 と建設費の関係[2,3]

建築物の供用期間にわたる総費用 C_{total} は上記①〜④の総和で表される．

$$C_{total} = C_{ini} + C_{rep} + C_{loc} + C_{lof} \tag{2.8}$$

以下にそれぞれのコストのモデルについて詳述する．

1）初期建設コスト C_{ini}

神田の研究[2,3]によれば，建設費と標準せん断力係数の関係は，**図-2.14** となり，「構造種別にかかわらず，建設費と標準せん断力係数 C_0 はほぼ線形関係となり，C_0 が 2 倍になると建設費は約 10％アップする」ことが示されている．ここでは，標準せん断力係数を増加すれば，躯体コストだけでなく，躯体コスト以外のコストも増加するであろうと考え，耐力が 2 倍になると建設費は 20％増加すると仮定する．また，神田の研究では標準せん断力係数が 0.1〜0.5 の範囲で線形関係であることが示されているが，耐力と建設費の関係は常に線形関係であるとして解析する．

初期建設コストは耐力の期待値 $\bar{R}$ を用いて次式で表す．

$$C_{ini} = \frac{C_{ini0}}{5}\left[\frac{\bar{R}}{R_0} + 4\right] \tag{2.9}$$

ここに，C_{ini0} は現行法における標準設計モデル（耐力 R_0）の建設費である．なお，本項の検討では，$C_{ini0} = 100$ として，他の総てのコストを基準化して表現している．

2）損傷修復コスト C_{rep}

構造物が損傷を受けた時，必ず損傷を受ける以前の状態に修復するとし，修復費用は初期コストと損傷率に比例するものと考える．

なお，過去の被害調査等から損傷率が50％程度となると損傷修復コストはほぼ初期建設コストと同等，すなわち建て替えを選択するのと同等となることが知られている．また，その時の損傷修復コストには取壊しおよび廃材の撤去費として，初期建設コストの15％程度の費用が必要となる[2.4),2.5)]．

以上より，次のような損傷修復コストモデルを定義する．

$$C_{rep} = \begin{cases} 2.3\,C_{ini}D & (0 \leq D \leq 0.5) \\ 1.15\,C_{ini} & (D > 0.5) \end{cases} \qquad (2.10)$$

3）損害コスト C_{loc}

損害コストは，建築物の受けた損傷に伴って直接的に生じた，建築物内に納めている財（家財，商品等）の損害額である．よって初期建設コストには無関係で，損傷率に比例すると仮定して次式で表す．

$$C_{loc} = c_{lc}D \qquad (2.11)$$

ここに，c_{lc} は建物に内蔵する財の価値（金額）を表す係数であり，建物の用途等により異なると考えられる．

4）波及コスト C_{lof}

波及コストは，建物に要求される機能の損失をコストに換算したもの，および機能が損なわれることにより波及的に生じる費用である．よって，波及コストも損害コストと同様に初期建設コストには無関係であるとし，損傷率の関数と考え，次式で表す．

$$C_{lof} = c_{lf}D^d \qquad (2.12)$$

ここに，c_{lf} は建物の機能等をコストに変換する係数であり，これも建物の用途等により異なると考えられる．

波及コストはパラメーター d の値により損傷率 D に対して2種類の形状を示す．$0<d<1$ の時に，低い損傷率で波及コストが急激に増加する関数となる．これには，少しの損傷でも設備機器等に損傷を受けた場合に，かなりの機能を損失するであろう病院などが想定される．$d>1$ の時，高い損傷率で波及コストが急激に増加する関数となる．これには，ある程度の損傷を受けても構造体にそれほど損傷がなければ，避難所として利用できる学校などが想定される．

5）総費用 $\bar{C}_{total}$

建物供用期間中の期待総費用 $\bar{C}_{total}$ は，これらのコストの和の期待値であり次式で表せる．

$$\begin{aligned}\bar{C}_{total} &= E\left[C_{ini} + C_{rep} + C_{loc} + C_{lof}\right] \\ &= C_{ini} + \bar{C}_{rep} + \bar{C}_{loc} + \bar{C}_{lof}\end{aligned} \qquad (2.13)$$

6）地震のパラメーター

地震の生起率，東京における基盤最大速度の平均値，第1種地盤における地表面最大加速度の平均値・変動係数を表-2.2に示す．シミュレーションにおいては，地震荷重をPoissonインパルスとして取扱っている．

表-2.2 地震のパラメーター（東京）

λ_S	地盤	基盤最大速度 [cm/s]	地表面最大加速度 [cm/s²]	変動係数
0.2	第1種地盤	2.04	61.2	0.86

7) その他のパラメター

建築物の供用期間は$T=50$年を考え,標準設計モデル$R_0=100$,耐力Rは対数正規分布に従いその変動係数は0.15とした.建築物の終局限界状態を最大層間変形角で表し$Z_f=1/30$とし,現行基準における1次設計レベルの荷重による層間変形角を$Z_{02}=1/300$とする.

(2) 現行基準法で想定する建築物についての解析

現行建築基準法・施行令に準拠して設計した標準的な建物(現行モデル)を想定してパラメターを設定し,その最適な(期待総費用が最小となる)設計耐力を求める.

想定建物は東京第1種地盤に建つ供用期間50年のRC造建物とする.主な解析パラメターを**表-2.3**に示す.このうち,損害コスト係数,波及コスト係数を50としているのは,建物が全壊となった場合に標準的な初期建設コスト(100と設定)の50%のコストが必要となると想定したものである.

これらのパラメターを用いて,サンプル数10^7のモンテカルロ法により,期待総費用が最小となる設計耐力値(最適値)を求めた.解析の結果,耐力の最適値は$\bar{R}_{opt}=99$(総費用$C_{total}=105.1$)となった.現行基準法に準拠した標準設計モデルの耐力を$R_0=100$と設定しているので,東京第1種地盤におけるRC造の標準建物の耐力はほぼ最適値の近傍にあるといえる.

表-2.3 解析パラメター

併用期間	T		50	
耐力の総計量	$\bar{R}$		設計量	
	V_R		0.15(対数正規分布)	
その他	Z_{02}	1/300	Z_f	1/30
	q	1.75	a_s	1
	c_{lc}	50	c_{lf}	50
	R_0	100	C_{ini0}	100.0
	l	0.3	m	2.0
	d	3.0		

次項では,このパラメターの組合せの場合を標準モデルとし,種々の用途の建築物を想定して総費用最小化の意味で最適な目標水準を検討する.

(3) 用途別建物についての解析

建物は用途ごとに内容物,機能等が異なっており,損害コスト係数c_{lc},波及コスト係数c_{lf}と波及コストのパラメターdの組合せを変えることにより,建築用途に応じた種々の建築物を想定することができる.

例えば,以下のような想定が考えられよう.

想定建物	損害コスト係数(C_{lc})	波及コスト係数(C_{lf})	波及コストパラメター(d)
倉庫	1 000	10	3
高機能事務所	100	1 000	3
生産工場	1 000	1 000	1/3
学校(避難所)	10	10 000	3
病院	1 000	10 000	1/3

本項は,このようにして想定した各種用途の建物の総費用最小化の意味で最適な設計耐力を求め

第2章 目標水準設定の考え方

る．

表-2.4は，東京の第1種地盤で供用期間50年の場合を例に，コスト係数の組合せ，想定建築物，信頼性指標β_{opt}，最適信頼度レベル$\bar{R}_{opt}$の関係を示したものである．なお，ここでいう信頼度は建物の終局限界状態に対応した信頼度である．

表-2.4 想定建築物の総費用最小化設計水準

c_{lc}	c_{lf}	d	β_{opt}	$\bar{R}_{opt}$	重要度係数	想定建築物
50	50	3	2.514	99	1.00	基準法想定
1 000	10	3	3.071	138	1.39	
100	1 000	3	2.974	129	1.30	
1 000	1 000	1/3	3.640	200	2.02	
10	10 000	3	3.516	184	1.86	
1 000	10 000	1/3	4.288	303	3.06	

同表の6列目には総費用最小となる設計耐力の期待値を現行モデルの最適設計耐力値で除した値を示している．この値は，同表1～3列で設定したパラメーターで表現できる機能をもつ建築物についての重要度係数とみなすことができる．

◎参考文献

2.1) 服部誠，河野守，総費用最小化による最適設計信頼度レベルの設定．日本建築学会東海支部研究報告集，Vol. 36, pp. 133-136, 1998.

2.2) 服部誠，河野守．総費用最小化モデルについての検討．日本建築学会東海支部研究報告集，Vol. 36, pp. 137-140, 1998.

2.3) 神田順．最適信頼性に及ぼす経済要因の影響評価．日本建築センター研究助成年報，pp.98-110. 1994.

2.4) A. H-S. Ang and D. De. Leon, Determination of optimal target reliabilities for design and upgrading of structures. Structural Safety, Vol. 19, No. 1, pp. 91-103, 1997.

2.5) A. H-S. Ang and D. De. Leon, A damage model for reinforced concrete buildings：further study with the 1985 mexico city earthqeake. Proceedings of the 6th International Conference on Structural Safety and Reliability, pp. 2081-2087, 1994.

第3章

構造性能評価指針案

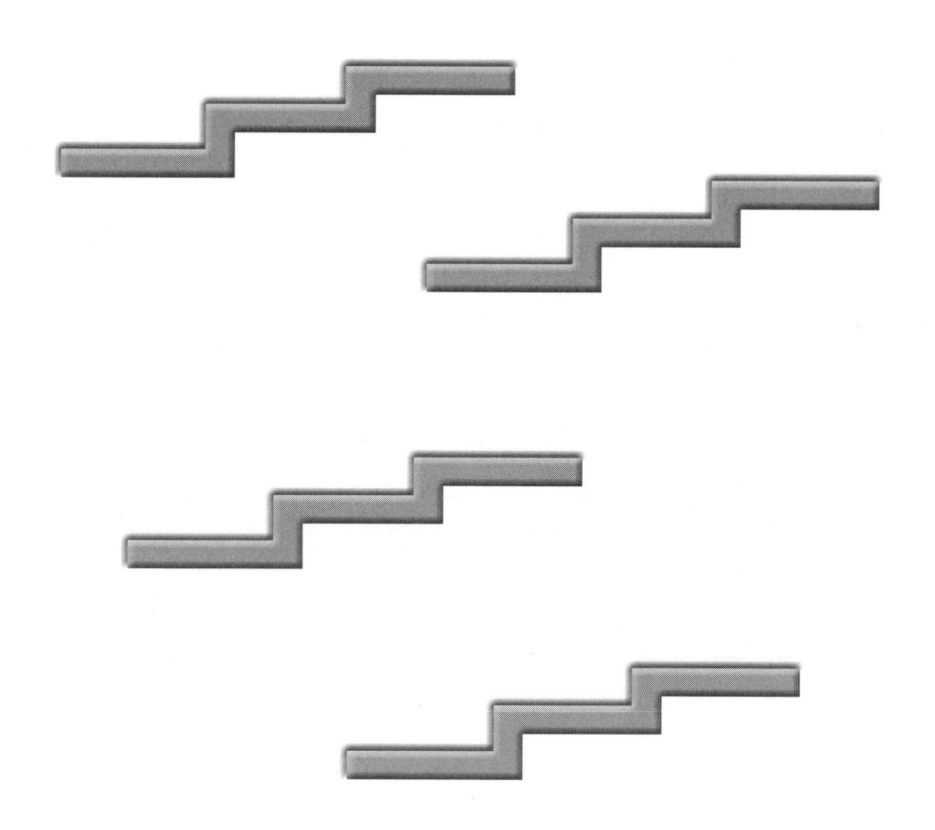

序 「構造性能評価の意義」

　建設省総合技術開発プロジェクト「新建築構造体系の開発」において想定している望ましい建築構造設計体系とは，
　① 建築主と構造設計者の合意のもとに当該建築物が保有すべき構造性能を設定し，
　② 構造設計者はその構造の特性などに応じて適切な設計・計算法を選択して架構，部材などを仮定し，
　③ これが設定した構造性能を保有していることを確かめる
というものである．すなわち，要求性能を明確化したうえで，その性能を満たすことを基本とし，要求性能を達成するための設計の手法や仕様の詳細は構造設計者の判断に委ねるという，自由度と信頼性の高い構造設計が可能となる体系である．また，設計どおりの施工が行われることを確認することは当然必要であるが，これについては本指針では取扱わない．
　このような建築構造設計体系の意義は，以下のように要約することができる．
(1) 建築構造性能の明確化
　建築構造性能が明確化されることにより，建築主による自由な性能の設定（最低限必要な性能は法令により定められており，それを下回らない性能を目標として設定することが前提である），および建築主と構造設計者の合意による設計が行われる．また，構造性能が明確化されることにより，構造技術に市場原理の概念が導入される．
(2) 建築構造技術や建築構造設計技術の発達の促進
　建築物に要求される様々な性能を充足するための，新しい材料や構造システムの開発等の建築構造技術の発展や，新しい設計法や性能評価法の提案等の構造設計技術の発達が促進される．
(3) 設計の自由度の拡大
　構造設計者は，建築主の要求性能に応じて適切な構造設計技術を適用するという自由度の高い設計が可能となる．
　ここで目標とする建築構造設計体系は，建築構造設計技術の国際調和の要請にも合致する．

第3章 構造性能評価指針案

1節 総　則

1.1 目　的

> 本構造性能評価指針（以下，本指針という）は，建築構造設計において建築物の目標とする構造性能が実現されているか否かを評価する方法の原則を示すものである．

＜解説＞　本構造性能評価指針（以下，本指針という）の目的は，建築物の各種構造に共通する構造性能評価方法の原則を示すことである．

なお，本指針に示す構造性能評価方法の原則は，以下の2項目を前提条件としている．これらは，構造性能評価体系が有効に機能するための技術的な必要条件である．

(1) 当該建築物の保有すべき性能は，建築基準法をはじめとする法令の精神に則っとるとともに，当該建築物の用途，重要度，耐用年数，耐用年数に伴う荷重の変化等を考慮し，建築主と構造設計者（以下，設計者という）の合意により設定する．また，設計者は，適切な評価方法を用いてこの性能の確保を図る．

(2) 当該建築物が保有すべき性能を建築主が定めるために必要な資料・情報，および設計者が当該建築物の性能の確保を図るために必要な資料・情報は整備されている．

建築基準法は，国民の生命等を保護する観点からの「最低基準」を定めるものである．この最低基準を遵守することは当然であるが，この最低基準を守れば，建築物はどのような大きさの荷重，外力，外乱にも耐えられるというわけではない．構造性能評価体系においては，建築基準法による性能の水準は法の目的のとおり最低限度のものが定められ，この最低水準を下回らない範囲で建築主が性能の水準を定め，設計者はその性能の確保を図ること，および，そのために必要な資料・情報は整備されていることを前提と考えている．

本指針の位置づけは，以下の2点にまとめられる．

第一に，性能規定化された建築基準法体系においては，その要求性能に適合することを検証する技術的手段が必要となるが，本指針は，その検証法の原則を示す．

第二に，建築基準法が社会的要求に基づく最低基準であるのに対して，より高い性能の設定手段，要求性能の達成を確認する手段として，本指針に示す原則および各構造種別ごとの具体的評価法を利用することができる．

性能規定化された建築基準法の実際の運用およびより高い性能を求める性能指向型の設計を円滑に行うために，本指針が活用されることを期待する．

1.2 構造性能評価の流れ

本指針における構造性能評価の流れは，以下のとおりである．
1．目標構造性能の設定：性能評価項目を設定し，各性能評価項目ごとに目標とする構造性能の水準を設定する．
2．性能検証：設計された建築物の限界状態が，各種荷重・外力に対し，確保されているか否かを判断する．
3．構造性能の表示：評価された構造性能を各性能評価項目ごとに表示する．

＜解説＞ 構造性能評価の流れを図示すると，**図-3.1** のとおりである．

```
┌─ 目標構造性能（2節）─────────────────────────┐
│ ┌─ 基本構造性能（2.1）──────────────────┐ │
│ │         安全性，修復性，使用性          │ │
│ │              （表-3.1）                │ │
│ └────────────────────────────────────────┘ │
│ ┌─ 性能評価項目（2.2）──────────────────┐ │
│ │ ┌─限界状態（3節）─┐       ┌─荷重および外力の大きさ─┐ │
│ │ │限界状態を性能評価 │ 構造性能 │荷重または外力の大小（水│ │
│ │ │項目ごとに設定    │←の水準→ │準）を性能評価項目ごとに│ │
│ │ │  （表-3.3）     │ （2.3） │設定                 │ │
│ │ └─────────────────┘       └────────────────────────┘ │
│ └────────────────────────────────────────┘ │
└──────────────────┬─────────────────────────┘
                   ↓
┌─ 性能検証 ─────────────────────────────────┐
│ 性能評価の原則：工学的観点から応答値が限界値を上回らない │
│ ＜性能評価クライテリア＞ 発生確率                   │
│  $R_{es} \leq L_{im}$                              │
│  $R_{es}$：応答値                                  │
│  $L_{im}$：限界値                                  │
│                                                    │
│  1．荷重および外力の量による表現（4節）              │
│  2．応答値，限界値に用いる工学量の種類の設定（5節，6節）│
│  3．応答値の予測（5節）                             │
│  4．限界値の推定（6節）                             │
│  5．応答値と限界値の比較評価（7節）                  │
└──────────────────┬─────────────────────────┘
                   ↓
┌─ 構造性能の表示（8節）─────────────────────┐
│ 原則：建築物の性能を各性能評価項目ごとに表示する．  │
│   例：○○に対し，人命に直接危害を及ぼす構造骨組の │
│       破壊は生じない                           │
└────────────────────────────────────────────┘
```

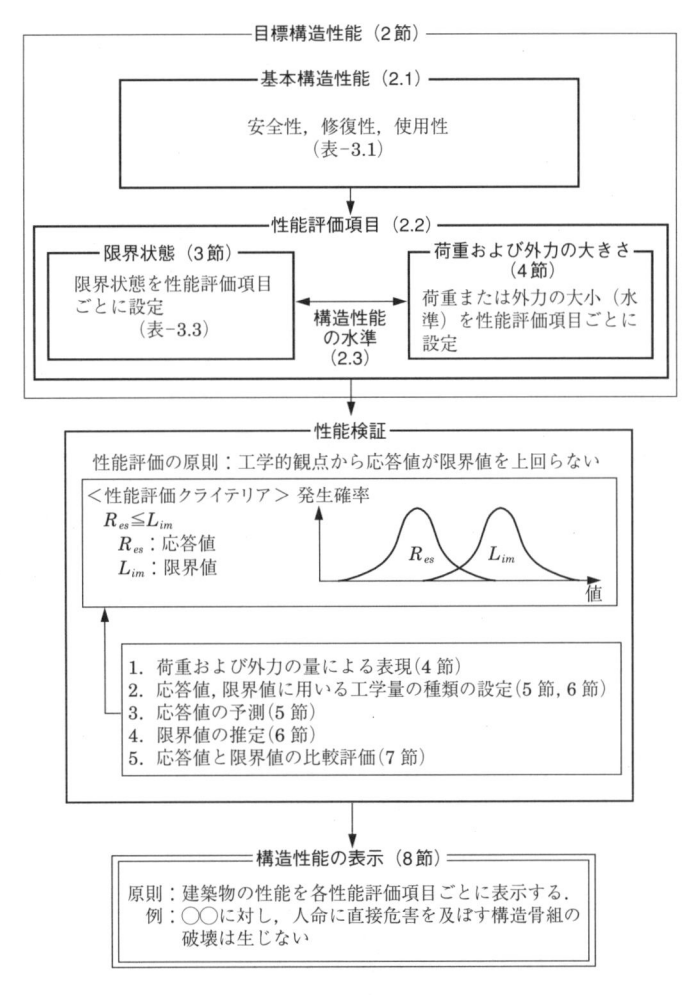

図-3.1 構造性能評価体系

構造性能評価体系では，まず建築構造に要求する基本構造性能として安全性，修復性，使用性を設定した．それぞれ人命の保護，財産の保全，機能・居住性の確保に対応している．
次に，基本構造性能と評価対象との組合せである「性能評価項目」が設定され，各性能評価項目

ごとに限界状態が規定される．構造性能の水準は，「荷重および外力の大きさ」と「限界状態」の組合せによって表示される．

構造性能評価体系では，荷重および外力の種類として，固定荷重，積載荷重，積雪荷重，風圧力，地震動（地震荷重），地盤に起因する荷重，その他（温度応力等）を考えている．

「限界状態」は，構造性能を表現する建築物の状態で，各基本構造性能に対応して要求される各評価対象のあるべき状態を示している．

「性能検証」では，建築物の応答値および限界値を具体的に推定および設定し，限界状態が確保されているか否かを性能評価の原則に照らして判断する．ここで性能評価の原則とは，工学的観点から応答値が限界値を上回らないことである．

最後に，建築物が保有する「構造性能の表示」が，性能評価の原則に基づき，性能評価項目ごとになされる．

2節　目標構造性能

2.1　基本構造性能

> 基本構造性能として，安全性，修復性，使用性を考える．
> 1．安全性とは「人命の保護」，
> 2．修復性とは「財産の保全」，
> 3．使用性とは「機能の確保および居住性の確保」
> をそれぞれ目的とした性能である．

　＜解説＞　基本構造性能とは，建築物への様々な作用に対し，人命の保護および機能・居住性の確保とそれらの維持（財産の保全）を図るために，建築構造に要求される性能をいう．

　本指針では，表-3.1に示すように，基本構造性能として，「安全性」，「修復性」，「使用性」の3つの性能を設定する．それぞれ，「人命の保護」，「財産の保全」，「機能および居住性の確保」に対応するものである．

表-3.1　基本構造性能

1．安全性	●性能要求の目的：建築物の内外の人の生命に直接及ぼす危険を回避する．（人命の保護） ●性能評価の内容：構造骨組，建築部材，設備機器，什器，地盤について，破壊等を安全性に照らして適切に防止する．
2．修復性	●性能要求の目的：建築物が外部からの刺激に対して受ける損傷に対する修復のしやすさを確保する．（財産の保全） ●性能評価の内容：構造骨組，建築部材，設備機器，什器，地盤について，劣化，損傷等を建築物の修復性に照らして適切に（設定範囲に）制御する．
3．使用性	●性能要求の目的：建築物の機能，居住性を確保する．（機能および居住性の確保） ●性能評価の内容：構造骨組，建築部材，設備機器，什器，地盤について，機能障害，感覚障害を使用性に照らして適切に排除する．

　「安全性」を要求する目的は，建築物内外の人命に直接及ぼす危険を回避すること（「人命の保護」）であり，構造骨組，建築部材，設備機器，什器，地盤について，「人命の保護」が損なわれないように破壊等を適切に防止できているかどうかを評価することが，「安全性」評価の内容となる．

　「修復性」を要求する目的は，建築物が外部からの刺激によって受ける損傷に対する修復のしやすさを確保すること（「財産の保全」）であり，構造骨組，建築部材，設備機器，什器，地盤について，「財産の保全」が損なわれないように劣化や損傷等を修復のしやすさ（構造性能の回復性，修復工事の難易度，修復に関する経済的損失など）の観点から設定した範囲内に適切に制御できているかどうかを評価することが，「修復性」評価の内容となる．

　「使用性」を要求する目的は，建築物の使いやすさ，住みやすさを確保すること（「機能および居住性の確保」）であり，構造骨組，建築部材，設備機器，什器，地盤について，「機能および居

第3章 構造性能評価指針案

住性の確保」が損なわれないように機能障害や感覚障害を適切に排除できているかどうかを評価することが「使用性」評価の内容となる．

3つの性能は相互に関連が深く，これらの性能の水準を調整して総合的な構造性能が定められることになる．例えば，地震時の構造骨組の安全性を高めるには，保有耐力を上げたり，変形能を増すことが有効であるが，耐力を上げる方法では，過大な加速度応答等により設備機器の安全性や地

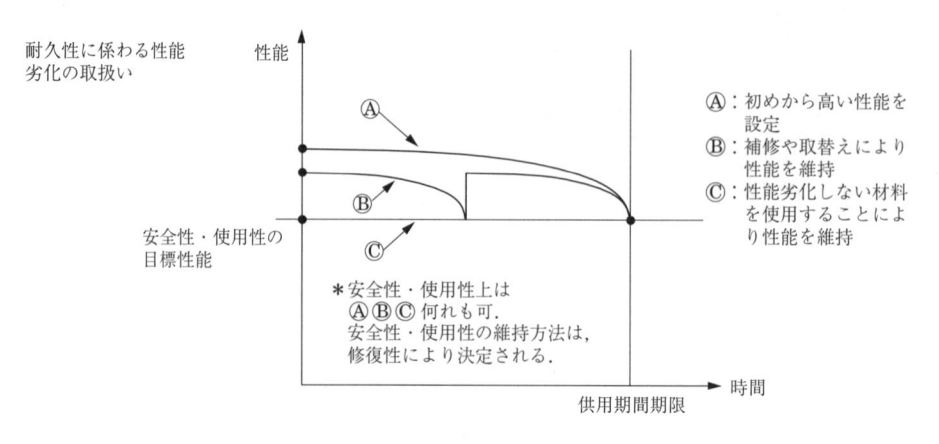

(a) 安全性，使用性の時間経過による劣化防止の概念図

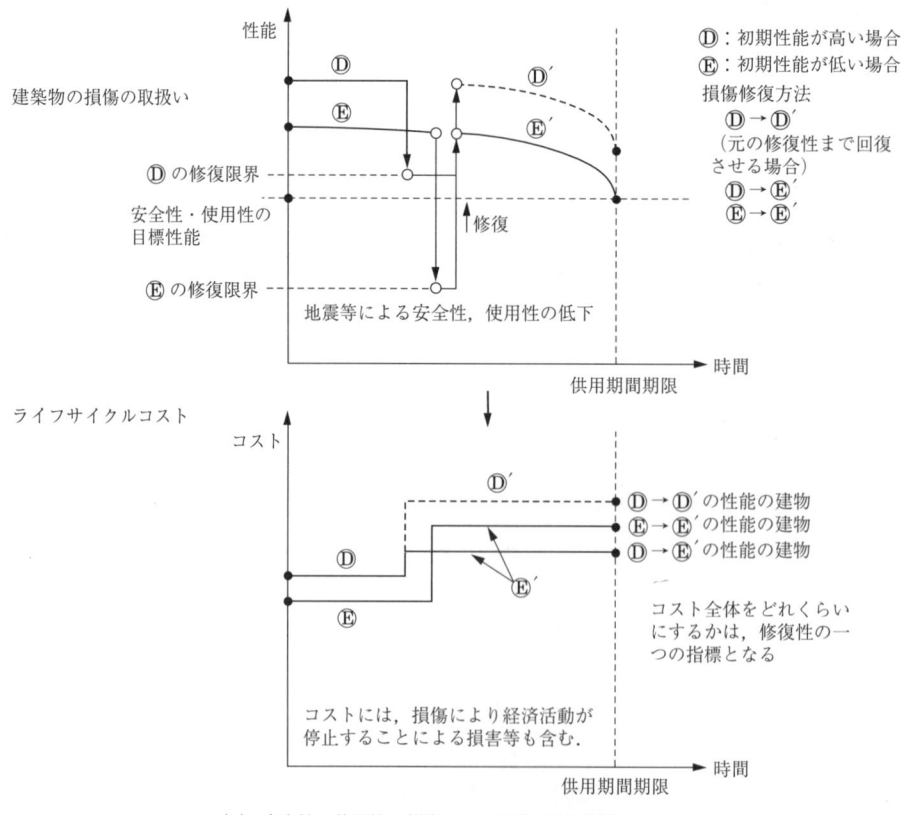

(b) 安全性，使用性の損傷による性能回復の概念図

図-3.2 劣化・損傷に対する基本構造性能の考え方

震動によるの使用性などは低下することもある．また，変形能に依存する耐震安全性の向上では修復性を低くすることもある．

　図-3.2に，時間軸でみた性能の推移の概念図を示す．(a)は，耐久性に係わる性能の劣化の取扱いを示すものである．建築物の安全性や使用性の目標性能は，その供用期間中確保されなければならないが，その確保の方法には様々な考え方がある．図中，

　Ⓐ：劣化を想定して予め高い性能を保有させ，供用期間中に目標性能を下回ることがないようにするという考え方

　Ⓑ：性能の劣化により供用期間中に目標性能を下回る可能性があるため，補修や取替えといった維持管理を行うことにより供用期間中に目標性能を下回ることがないようにするという考え方

　Ⓒ：供用期間中は性能が劣化しない材料を用い，当初保有する性能を維持することにより目標性能を確保するという考え方

である．人命の保護を目的とする「安全性」や，機能および居住性の確保を目的とする「使用性」では，Ⓐ〜Ⓒのいずれの考え方でも目標性能は確保される．補修を行うか否かを含めて修復の容易性を勘案し，建築物の初期や修復時の費用などを考慮し，いずれの方法を選ぶかの観点が，財産の保全を目的とする「修復性」となる．

　一方，図-3.2(b)の上の図は建築物の損傷の取扱いを示す概念図であり，性能の劣化も併せて示してある．それぞれのライン（Ⓓ，Ⓔ→Ⓓ'，Ⓔ'）は，地震などで損傷を被り安全性および使用性がいったん低下し，これを修復により目標性能を回復させる場合を表している．初期の性能はⒺよりもⒹの方が高く，回復後の性能はⒺ'よりもⒹ'の方が高い．図-3.2(b)では，Ⓓ，Ⓔ2つの性能を有する建築物を考えている．損傷を修復することによりⒺの性能をⒺ'に回復する場合と，Ⓓの性能をⒺ'またはⒹ'に回復させる場合を考える．これらはいずれも，損傷による性能の低下を「安全性」や「使用性」の目標性能を確保するように修復するものであり，いずれの方法でもこれらの要求は満足される．この場合も，いずれの方法を選択するかの観点は「修復性」である．すなわち，構造性能の回復性，修復工事の難易度，修復に係わる費用や経済活動上の損失などを総合した修復の容易性により決定されることになる．また，修復限界はこれらの修復の容易性から許容される損傷の程度として決められるものである．

　いずれの方法を選択するかの1つの指標としては，(b)の下の図に示すようなライフサイクルコストが考えられる．これは，建築物の初期費用と供用期間中に損傷を受けた場合の修復に係わる費用の例を表している．修復後の目標性能を同等に設定しても，建築物の用途，規模などによって修復に係わる費用は変ってくる．いずれの方法を選択するかは，費用以外にも様々な観点があるため，建築主と設計者の合意により決定する必要がある．

　その他の構造に関連する性能として，「耐久性」，「美観性」等が考えられる．

　「耐久性」は，経年変化，腐朽，蟻害等により建築物の各性能が損なわれない程度を表す性能である．ここでは，個別の基本構造性能ごとに，評価における因子として扱うこととする．例えば，「安全性」に関しては，構造骨組等の経年変化，腐朽，蟻害を必要に応じて適切に考慮し，その「安全性」評価を行うものである．ただし，時間もしくは荷重・外力により低下する性能（安全性，使用性）を維持するしやすさは，本指針では修復性の一部として位置づけている．

　「美観性」は，建築空間の豊かさ，外観の美しさの程度を表すデザイン性等であり，ここでは扱わない．ただし，ひび割れ幅などについては「使用性」で扱うものとする．

2.2 性能評価項目

> 1．性能評価項目とは，「構造骨組」，「建築部材」，「設備機器」，「什器」，「地盤」の5つの評価対象と「安全性」，「修復性」，「使用性」の3つの基本構造性能の組合せをいう．
> 2．評価すべき性能評価項目は，法令で定められた項目を満たしたうえで，建築主と構造設計者（以下，設計者という）の合意により設定する．

＜解説＞ 基本構造性能を評価する対象はあまりに範囲が広く，ここでは評価対象を本文1.に示す5つに大別した．これまでは構造骨組，部材が評価の主対象であったが，1995年の阪神・淡路大震災での設備機器，什器，地盤による被害の甚大さに鑑み，これらも評価対象として明確に位置づけた．構造骨組には，上部構造だけでなく基礎構造も含まれる．従来，基礎構造は上部構造と独立して取扱われてきたが，基礎構造を含めた建築物全体としての性能を評価することが最終的な目標であるため，基礎構造を構造骨組の構成要素とみなすことにした．このため，基礎部材は，建築部材（構造部材）の一部として評価されることになる．ここで，「建築部材」は，「設備機器」，「什器」を除く建築構造の構成要素であり，構造部材や内・外装材のことを意味する．「地盤」は，建築構造の支持地盤である．

上記の5つの評価対象は，必ずしも独立しているわけではない．「構造骨組」の状態を評価するためには，建築部材としての「構造部材」や「地盤」の状態を考慮することが必要となる．「構造部材」の集合体が「構造骨組」であり，各部材の状態を総合的にとらえると「構造骨組」としての評価となる．

5つの評価対象と，「安全性」，「修復性」，「使用性」の3つの基本構造性能の組合せを性能評価項目という．表-3.2に性能評価項目を示す．

表-3.2　性能評価項目

	安全性	修復性	使用性
構造骨組	構造骨組の安全性	構造骨組の修復性	構造骨組の使用性
建築部材	建築部材の安全性	建築部材の修復性	建築部材の使用性
設備機器	設備機器の安全性	設備機器の修復性	設備機器の使用性
什　　器	什器の安全性	什器の修復性	什器の使用性
地　　盤	地盤の安全性	地盤の修復性	地盤の使用性

2.3 構造性能の水準

> 1．構造性能の水準は，建築主と設計者の合意により設定するものとし，法令で定める水準がある時は，それを下回らないものでなければならない．
> 2．構造性能の水準は，性能評価項目ごとに設定され，本章3節で記述する各限界状態と同4節で記述する各種荷重・外力の大きさの組合せにより表示される．

＜解説＞ 構造性能の水準は，安全性，修復性，使用性に関する尺度を示すものであり，それは，建築主の要求を満足する一方で，社会的な制約を考慮のうえ，文化的，経済的状況をふまえて，建

築主と設計者の合意のもとに設定することが望ましい．建築基準法は，技術水準に応じて社会的な制約を反映し，必要に応じて構造性能の性能評価項目に対して最低水準を規定しており，個々の建築の構造性能の水準はそれを下回らないものでなければならない．

　適切な水準を決定する要因としては，建築物の用途，重要度，耐用年数，耐用年数に伴う荷重条件の変化を考慮して，水準の向上の技術的・経済的容易さと，それぞれの性能評価項目に対して，所定の状態が満足されなくなった時に生じる人命に対する危険性，経済的，社会的および環境に対する影響の程度などがあげられる．

　経験的手法によれば，水準の評価体系は，過去の設計経験，被害経験，現在の技術水準をふまえて設定される水準，建築基準法による最低水準，からの相対的な隔たりで与えられよう．確率論的手法によれば，評価尺度は，性能評価項目の所定の状態が満足されなくなる度合を直接表現するものとして信頼性指標や破壊確率で与えられよう．これらの評価要因，評価尺度を総合して，設計者は建築主との合意において構造性能の水準を設定する．構造性能の水準の設定は建築主が行うことが原則であるが，設計者は建築主より通常ははるかに多くの建築構造技術（性能）に関する情報を有しており，構造性能の水準の設定にあたっては，主体的な役目を果すべきである．さらに，建築主が水準の設定にあたり判断できるだけの十分な情報を開示すべきである．

　水準の表現は，荷重の大きさと対応する構造物の状態（限界状態）を組合せることによって行われる．荷重の大きさは，本章4節で記述されるように，地域的条件，環境条件等による発生頻度を考慮する必要がある．

　本指針で想定する構造性能の水準は，建築主の要求によりどのようにも設定しうるものと考えている．その説明のために，構造骨組の地震に対する性能の水準の例を図-3.3に示す．(a)の性能水準マップは，本文2.の性能水準の原則に従い縦軸に外力の大きさ（図では入力地震動の大きさ），横軸に限界状態をとっている．限界状態は骨組の代表変形で表現することが可能である．図-3.3(a)の横軸の修復限界状態の位置は1つの例であり，本来その状態は自由に設定しうるものである．いま，縦軸のお［もしくはえ］が建築基準法で考える中地震レベル，うが大地震レベルに相当するものとすると，黒丸で示した使用限界状態のCの点（もしくは修復限界状態のC点）および安全限界状態のCの点が，建築基準法で要求する最低限の性能水準といえる．すなわち，この2点を結ぶ線よりも左上方にいくほど性能水準が高いといえる．

　図には，使用限界状態，修復限界状態，安全限界状態でそれぞれCCC，BBB，AAAを通る線が引かれているが，本来は，性能の水準はAAA，AAB，ABC，BBA，BBB，BBC，CCA，CCB，CCCなど，どのような形にも設定できるはずである．これを，架構の復元力特性でみたものが図-3.3(b)である．各限界状態は設定の観点が異なるものであるが，架構の復元力特性は建築物ごとに定まるものであり，復元力特性上の点は架構の状態を表すものであるから，各限界状態の点は復元力特性上に記入できる．ここには，例として3種類の建築物の復元力特性とのあからおの入力地震動に対応する応答の曲線が模式的に示してある．これらの交点を架構の応答と考えると，復元力特性の実線は上からそれぞれAAA，BBB，CCCの水準に対応する．ただし，例として，各々の交点から右下向きの矢印を付けたように，復元力特性が途中で低下するものもあるので，架構の変形能によっては，一番上の線のようにAAB，ABCのような水準となる場合もある．また，真ん中の線の一点鎖線部分のように，三角の点まで変形能が伸びる場合にはBBAの性能水準となる．

　このように，性能水準は架構の場合には復元力特性がコントロールされれば，それに応じていかようにも設定できる．設計者は，建築主の要求する性能水準に応じて，これを実現する架構の復元

第3章 構造性能評価指針案

力特性を設定し，それが実現されるように構造計画を行うことになろう．要求される性能水準を実現するためには，架構にとっては復元力特性のコントロールが必要であるため，そのための技術開発がさらに促進されることが期待される．なお，図-3.3では地震に対する架構の性能水準を例としたが，これは，外力の種類と評価対象の組合せごとに考えられるものである．

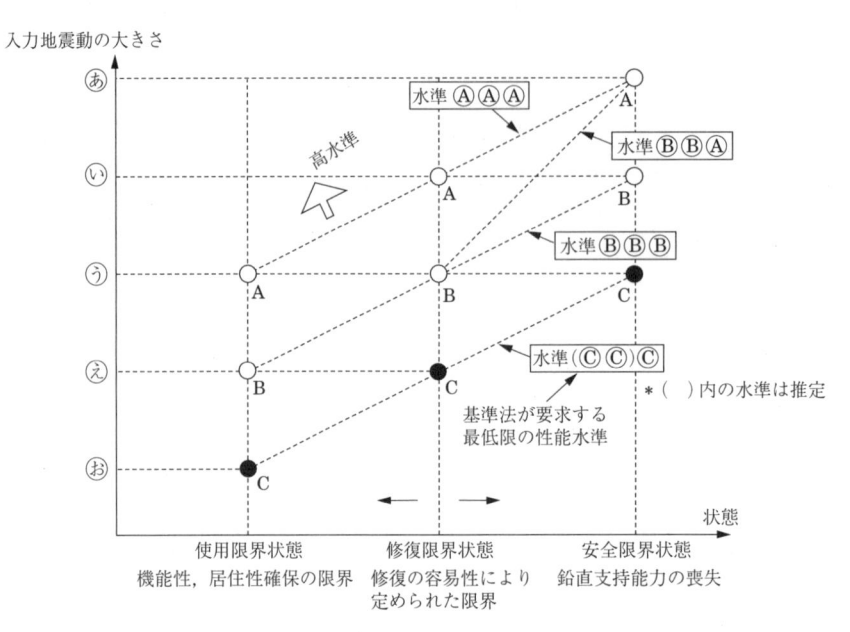

(a) 性能水準マップ

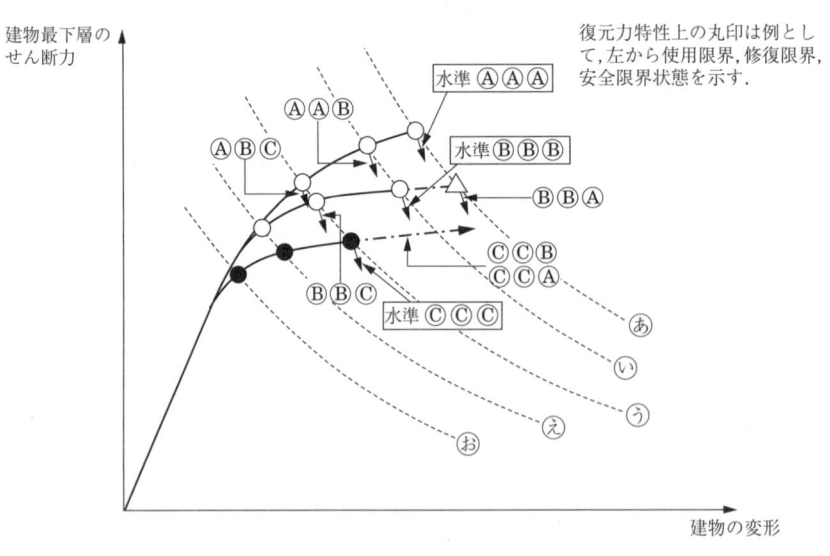

(b) 建物の復元力特性と性能水準の例（地震の場合）

図-3.3 地震を例とした構造水準の模式図

3節 限 界 状 態

3.1 限界状態の種類

性能評価項目の限界状態は，安全性，修復性，使用性の基本構造性能に対し，それぞれ安全限界状態，修復限界状態，使用限界状態と総称する．

表-3.3 性能評価項目

基本構造性能	安全性 （人命の保護） （建築物の内・外の人の生命に直接及ぼす危険の回避）	修復性 （財産の保全） （外部からの刺激による建築物の損傷の制御）	使用性 （機能性，居住性の確保） （建築物の使い易さや住み良さの確保）
限界状態の種類 評価対象	安全限界 (Safety Limit)	修復限界 (Reparability Limit)	使用限界 (Serviceability Limit)
構造骨組	**鉛直支持能力を喪失しない** ○人命に直接危害を及ぼすような，構造骨組の鉛直支持能力を喪失しない．	**損傷が設定範囲に収まる**[*1] ○構造骨組の損傷が修復のしやすさの観点から設定した範囲内にある．	**機能障害や感覚障害を生じない** ○構造骨組の変形・振動が日常の使用に支障をきたさない．
建築部材 （構造部材） （内・外装材）	**脱落・飛散しない** ○人命に直接危害を及ぼすような，建築部材の脱落・飛散を生じない．	**損傷が設定範囲に収まる**[*1] ○建築部材の損傷が修復のしやすさの観点から設定した範囲内にある．	**機能障害や感覚障害を生じない** ○建築部材の変形・振動が日常の使用に支障をきたさない．
設備機器	**転倒・脱落・移動しない** ○構造骨組および部材の変形・振動により，人命に直接危害を及ぼすような，設備機器の転倒・脱落・移動を生じない．	**損傷が設定範囲に収まる**[*1] ○構造骨組および部材の変形・振動による設備機器の損傷が修復のしやすさの観点から設定した範囲内にある．	**機能障害や感覚障害を生じない** ○構造骨組および部材の変形・振動が設備機器の日常の使用に支障をきたさない．
什器	**転倒・脱落・移動しない** ○構造骨組および部材の変形・振動により，人命に直接危害を及ぼすような，什器の転倒・脱落・移動を生じない．	**損傷が設定範囲に収まる**[*1] ○構造骨組および部材の変形・振動による什器の損傷が修復のしやすさの観点から設定した範囲内にある．	**機能障害を生じない** ○構造骨組および部材の変形・振動が什器の日常の使用に支障をきたさない．
地盤[*2]	**崩壊**[*3]**や大規模な変状**[*4]**が生じない** ○人命に直接危害を及ぼすような地盤の崩壊[*3]や，構造骨組の鉛直支持能力を喪失の誘因となるような変状[*4]を生じない．	**損傷が設定範囲に収まる**[*1] ○地盤の支持能力の低下や変状[*4]が建物の修復のしやすさの観点から設定した範囲内にある．	**機能障害を生じない** ○地盤の支持能力の低下や変状[*4]が日常の建物の使用や通行などに支障をきたさない．

〈用語の定義〉
[*1] 損傷や支持能力の低下および変状が，修復のしやすさの観点（経済性，技術的観点）より定めた設定範囲内である状態をいう．
[*2] 地盤そのものではなく，地盤変状に起因する建物について．
[*3] 地滑りや盛土法面の崩壊，側方流動などをいう．
[*4] 地盤沈下，（液状化等による）剛性低下に伴う地盤の変形，亀裂や段差の発生などをいう．

<解説> 限界状態は，性能評価項目ごとの要求の内容（状態）を総称したものであり，構造性能を表現する建築物の状態と定義される．

表-3.3に各評価項目の限界状態を示す．

安全限界は，建築物内外の人命に直接危害を及ぼす可能性に基づいて判断され，骨組に対しては，転倒，倒壊等の防止も含む鉛直支持能力が喪失しないこととし，部材に対しては脱落・飛散しないこと，設備機器，什器に対しては転倒，脱落，移動しないこと，地盤に対しては地盤の崩壊，変状，変形による構造骨組等の破壊を誘因しないこととした．

修復限界は，構造体としての損傷度だけでなく，補修・復旧の容易さなどに基づいて判断され，それぞれの評価対象に対して許容状態を設定することになる．

使用限界は，機能性，居住性に基づいて判断され，機能障害や感覚障害が生じない限界の状態を各評価対象ごとに設定することになる．

なお，各限界状態は，評価すべき性能評価項目（本章2.2「性能評価項目」参照）について設定される．

本節の次項以降では，それぞれの限界状態の例とその要因を解説する．

3.2 安全限界状態

3.2.1 構造骨組の安全限界状態

> 鉛直支持部材の鉛直支持能力の喪失により，人命に直接危害が及ぶ限界の状態をいう．

<解説> 安全限界状態は，鉛直支持部材の鉛直支持能力の喪失により構造骨組が，鉛直荷重を支え切れず，床などが人に接触するまで下がることをいう．構造骨組の安全限界状態として，以下のような例が考えられる．

構造骨組の転倒・倒壊・崩壊

それらの要因として以下の例が考えられる．
① 転倒の要因の例：鉛直荷重支持部材の破壊，水平抵抗力の喪失，基礎の破壊，地盤の変状
② 倒壊の要因の例：鉛直荷重支持部材の破壊，水平抵抗力の喪失
③ 崩壊の要因の例：クリープ破壊，鉛直荷重支持部材の破壊

例えば，地震動，風，雪に対しては，柱，壁，等に対する検証が重要となる．

鉛直支持部材の鉛直支持能力は建築物が荷重，外力を受ける時の部材の変形能力と材料特性より決る．せん断破壊，座屈破壊等の脆性的な破壊をする部材は，その瞬間に鉛直支持能力を喪失すると考えることも1つの方法である．

3.2.2 建築部材の安全限界状態

> 建築部材等の脱落・飛散により人命に直接危害が及ぶ限界の状態をいう．

<解説> 建築部材の安全限界状態には，建築部材の飛散・脱落により避難路を封鎖する状態も含まれる．

建築部材の安全限界状態として，以下のような例が考えられる．
① 内・外装材の脱落・飛散
② 構造部材またはその部分の脱落・飛散
③ ガラスの飛散
④ 建築物から突出しているものの脱落・飛散
⑤ 避難路の封鎖

それらの要因として以下の例が考えられる．
① 内・外装材の脱落・飛散の要因の例：取付け部分の破壊，面外荷重による内・外装材の破壊，面内方向の強制変形による内・外装材の破壊，およびこれらの複合
② 構造部材またはその部分の脱落・飛散の要因の例：過大な変形による破壊
③ ガラスの飛散の要因の例：面外荷重による破壊，面内方向の強制変形による破壊，およびこれらの複合
④ 建築物から突出している物の脱落・飛散の要因の例：取付け部の破壊，そのものの破壊，およびこれらの複合
⑤ 避難路の封鎖の要因の例：強制変形によるドアの開閉不能，階段室の落階・転倒，落下物および飛散物によるドアおよび通路の封鎖

なお，建築部材の脱落・飛散を避けられない場合には，建築物周りに植栽を施す，庇をのばす，堀を巡らす等人命に直接危害が及ばない方策を講じることも考えられる．

3.2.3 設備機器の安全限界状態

> 構造骨組および部材の変形・振動により，人命に直接危害を及ぼす設備機器の転倒，脱落，移動が生じる限界の状態をいう．

<解説> 設備機器の安全限界状態として，以下のような例が考えられる．
① 空調機械の脱落
② 照明機器の脱落
③ 設備配管の脱落，破損（危険物が通る場合）
④ 屋外，屋上の設置物の転倒，脱落，移動
⑤ エレベータの脱落，エレベータドアの開閉不能
⑥ その他

これらの要因には，構造骨組および部材の変形・加速度・速度，ならびに設備機器自身に生じる変形・加速度・速度等が考えられる．

3.2.4 什器の安全限界状態

> 構造骨組および部材の変形・振動により，人命に直接危害を及ぼす什器の転倒，脱落，移動が生じる限界の状態をいう．

<解説> 什器の安全限界状態として，以下のような例が考えられる．

第3章 構造性能評価指針案

① 家具，ピアノ，テレビ等の移動・転倒
② 絵画の脱落，彫刻の転倒
③ 食器の飛散
④ タンス等の引出しの飛び出し

これらの要因には，什器自身に生じる変形，加速度，速度等ならびに構造骨組および部材の加速度，速度，変位等が考えられる．

什器には，設計時に想定できるものとできないものがある．その建築物の用途等に応じて，あるいは発注者の意向から，設計時に想定できる什器については，什器が人命に直接危害を及ぼすような転倒，脱落，振動を生じないことを確認することも考えられる．

また，設計時に想定しない什器がもち込まれる場合があるので，構造骨組および部材の安全限界状態において想定している床の変形や振動を明示し，それに対して新たにもち込む什器が人命に直接危害を及ぼすような転倒，脱落，移動を生じないことを確認する必要がある．

3.2.5 地盤の安全限界状態

> 地盤の安定性の喪失，地盤の支持力の喪失，および大規模な地盤の変状・変形により，人命に直接危害を及ぼす地盤の崩壊や構造骨組の破壊の誘因となる地盤の変状・変形が生じる限界の状態をいう．

＜解説＞ 地盤の安全限界状態として，以下のような例が考えられる．
① 地すべり・崖くずれ・斜面崩壊・側方流動
② 支持地盤の破壊
③ 過大な地盤の変状・変形

それらの要因として以下の例が考えられる．

① 地すべり・崖くずれ・斜面崩壊・側方流動の要因の例：敷地地盤の安定性が喪失する状態で地震・豪雨などの外乱や風化・化学的浸食などによる地盤の強度低下などにより生じることが多い．

敷地地盤の安定性が擁壁により確保されている場合には，擁壁の安定性や壁体の構造耐力を評価することが必要になる．

この限界状態は，当該建築物の敷地の安全性だけでなく，地形・周辺地盤環境などに左右される場合があるので，評価に際しては周辺の状況に対しても十分な配慮が必要である．

② 支持地盤の破壊の要因の例：基礎を支える地盤の破壊で押込み側だけでなく，引抜き側，水平方向の地盤破壊が要因である．この限界状態は，基礎に作用する荷重に対応した地盤の支持力性能に関するもので，鉛直および水平方向の支持力特性（荷重-変位関係）を基に評価することが重要である．

③ 過大な地盤の変状・変形の要因の例：構造骨組，建築部材，設備機器，什器などの他の評価項目を安全限界状態に至らしめるような地盤の変状・変形で，具体的な現象としては，建築物の不同沈下による骨組の崩壊，建築物の傾斜による建築部材の脱落・飛散および什器の転倒，傾斜・水平移動による隣棟との衝突などが考えられる．

この限界状態は，地盤単独でなく，基礎構造を含めたものとして設定することが適切な場合もあ

る．
　なお，上記の限界状態を評価する際，当該建築物の供用期間中の地盤の状態変化（例えば，圧密沈下・豪雨等のよる地盤沈下・強度・剛性の変化，地下水位の変動，地盤環境の変化など）を適切に考慮することが必要である

3.3　修復限界状態

3.3.1　構造骨組の修復限界状態

> 構造骨組の損傷が修復の容易性から許容できる限界の状態をいう．

　＜解説＞　構造骨組の修復限界状態として以下のようなものが考えられる．
　①　設定した残留層間変形
　②　設定した建築物の傾斜
　③　設定した建築物の凹凸・段差
　④　許容される損傷部位とその損傷
　⑤　設定した経年劣下
これらの要因として以下の例が考えられる．
　①　残留層間変形の要因の例：部材の塑性化，ひび割れ
　②　建築物の傾斜の要因の例：基礎の損傷，地盤の変状
　③　建築物の凹凸・段差の要因の例：不同沈下，地盤沈下
　④　損傷部位とその損傷の要因の例：損傷を計画された部位の塑性化，ひび割れなど
　⑤　経年劣下の要因の例：中性化，錆び，腐朽等

3.3.2　建築部材の修復限界状態

> 建築部材の損傷が修復の容易性から許容できる限界の状態をいう．

　＜解説＞　建築部材の修復限界状態として，以下のようなものが考えられる．
　①　設定した部材の損傷（変形，たわみなど）
　②　設定した経年劣下
これらの要因として，以下の例が考えられる．
　①　部材の損傷の要因の例：局部応力，過大変形，過荷重，クリープ
　　　　検討すべき部材の例：構造部材
　②　経年劣下の要因の例：中性化，錆び，腐朽等
　　　　検討すべき部材の例：コンクリート部材，鉄骨部材，木部材

3.3.3　設備機器の修復限界状態

> 構造骨組および部材の変形・振動により，設備機器の損傷が，修復の容易性から許容できる

> 限界の状態をいう．

<解説>
(1) **設備機器本体**
設備機器本体の修復限界状態として以下のようなものが考えられる．
  ① 設定した作動状態：荷重が作用している時，動作し続けることができる限界
  ② 設定した再使用状態：荷重が作用した後，再使用可能な限界
  ③ 設定した破損状態：荷重が作用した時，予め設定した部品以外に破損が生じない限界
  ④ 設定した脱落状態：荷重が作用した時，予め設定した部品以外に脱落が生じない限界

(2) **設備機器・配管の取付け・支持部材**
設備機器・配管の取付け・支持部材の修復限界状態として以下のようなものが考えられる．
  ① 設定した無損傷状態：ほぼ無損傷な状態を目指す場合の設定値で，設備機器の取付け・支持部材がほぼ弾性限内にある．
  ② 設定した脱落状態：荷重が作用した時，取付け・支持部材の脱落が予め設定した範囲において生じる限界

(3) **設備配管**
設備配管の修復限界状態として以下のようなものが考えられる．
  ① 設定した無損傷状態：ほぼ無損傷な状態を目指す場合の設定値で，設備機器の取付け・支持部材がほぼ弾性限内にある．
  ② 設定した破損状態：構造体そのものの変形または構造体と地盤の相対的変位による配管の破損限界
  ③ 設定した脱落状態：構造体そのものの変形または構造体と地盤の相対的変位による配管の脱落が予め設定した範囲において生じる限界
     荷重が作用した時，取付け・支持部材の脱落が予め設定した範囲において生じる限界

これらの要因には，構造骨組および部材の変形・加速度・速度，ならびに設備機器自身に生じる変形・加速度・速度等が考えられる．

3.3.4 什器の修復限界状態

> 構造骨組および部材の変形・振動による什器の損傷が，修復の容易性から許容できる限界の状態をいう．

<解説> 什器の修復限界状態として以下のようなものが考えられる．
  ① 設定した什器の損傷の限界

この要因としては，構造骨組および部材の加速度，速度，変位等ならびに什器自身に生じる変形，加速度，速度等が考えられる．

3.3.5 地盤の修復限界状態

> 地盤の支持能力の低下や変状が，修復の容易性から許容できる限界の状態をいう．

＜解説＞　地盤の修復限界状態として，以下のような例が考えられる．
① 設定した地盤の変形・変状・損傷など
② 設定した建築物の傾斜・亀裂・段差などを生じさせる地盤の残留変位など
③ 設定した敷地地盤の安定性の低下

それらの要因として以下の例が考えられる．

① 設定した地盤の変形・変状・損傷など：地盤沈下，改良地盤における改良体の損傷，地盤の圧密・圧縮などによる地表面勾配の変化などが考えられる．当該敷地地盤が化学的浸食などを受けやすい場合には，地盤環境的な観点から損傷度を設定することも考えられる．

② 設定した建築物の傾斜・亀裂・段差などを生じさせる地盤の残留変位など：地盤沈下による段差などのほか，構造骨組，建築部材，設備機器，什器を修復限界状態に至らしめるような地盤の変形の程度が考えられる．地盤の変形の程度は，地盤の荷重-変位関係などにより評価することになる．また，この限界状態は，安全限界状態と同様，地盤単独でなく，基礎構造を含めたものとして設定することが適切な場合もある．具体的な現象としては，建築物の傾斜や不同沈下による建築部材・設備機器の損傷などが考えられる．

③ 設定した敷地地盤の安定性の低下：敷地地盤の安定性の低下が要因であり，これに伴う地割れ，地盤沈下などが考えられる．

地盤の安定性に関しては，現時点では安全限界としてとらえることが多く，安定性の低下を損傷度として設定することが難しい場合がある．このため，安全限界状態との対比などにより間接的に評価する方法も考えられる．

なお，上記の限界状態を評価する際，当該建築物の供用期間中の地盤の状態変化（例えば，圧密沈下・豪雨等のよる地盤沈下・強度・剛性の変化，地下水位の変動，地盤環境の変化など）を適切に考慮することが必要である．

3.4 使用限界状態

3.4.1 構造骨組の使用限界状態

> 構造骨組の振動，たわみ，傾斜が使用者の感覚障害，建築物の機能障害を引起す限界の状態をいう．

＜解説＞
(1) 構造骨組の使用限界状態による，感覚障害の例として，以下が考えられる．
① 骨組の水平方向の揺れ
② 骨組の鉛直方向の揺れ

これらの要因として，以下が考えられる．

① 風, 地震, 交通による水平振動, 加速度
② 地震, 交通による鉛直振動
(2) 機能障害の例として, 以下が考えられる.
① 骨組の傾斜, 揺れ, 沈下
これらの要因として, 以下が考えられる.
① 不同沈下, 地盤支持力の低下, 構造部材の剛性低下, 構造体の変形

3.4.2 建築部材の使用限界状態

> 建築部材の振動, たわみ, 傾斜が使用者の感覚障害, 建築物の機能障害を引起す限界の状態をいう.

<解説>
(1) 建築部材の使用限界状態による, 感覚障害の例として, 以下が考えられる.
① 床の面外方向の揺れ
② 床, 梁, 小梁, 天井, 柱, 壁, 階段等のたわみ
③ 床, 柱, 壁等の傾斜
④ 柱, 梁, 床, 壁, 仕上げ材等のひび割れ
⑤ 床, 天井, 壁等の平面仕上げ面の段差
⑥ 仕上げ, 柱, 梁, 壁, 床等の破損

これらの要因として, 以下の例が考えられる.
① 揺れの要因の例：歩行, リズム運動による共振. 交通による振動. 風, 地震, 交通による水平振動.
② たわみの要因の例：即時たわみ, クリープ, 収縮, 不同沈下, 構造体の変形
③ 傾斜の要因の例：構造体の変形, 不同沈下
④ ひび割れの要因の例：構造体の変形, クリープ, 収縮, 熱膨張, 応力集中, 不同沈下
⑤ 段差の要因の例：不同沈下, 構造体の変形, 摩擦
⑥ 破損の要因の例：不同沈下, 衝突, 構造体の変形

(2) 建築部材の使用限界状態による, 機能障害の例として, 以下が考えられる.
1) 機密性
① 仕上げ材の目開き
② 床, 壁, 柱等のひび割れ
③ 床, 壁, 柱等の破損
2) 防水性
① 仕上げ材の目開き
② 床, 壁, 柱等のひび割れ
③ 床, 壁, 柱等の破損
④ 防水層の破損
⑤ 水たまりの発生
3) 遮音性

① 仕上げ材の目開き
② 床，壁，柱等のひび割れ
③ 床，壁，柱等の破損
4）断熱性
① 仕上げ材の目開き
② 床，壁，柱等のひび割れ
③ 床，壁，柱等の破損

　これらの要因の例として，建築部材の変形，クリープ，収縮，熱膨張，応力集中が考えられる．

3.4.3　設備機器の使用限界状態

> 　構造骨組および部材の変形・振動により，設備機器の使用に支障をきたし，その建築物の機能に障害を生じさせる，あるいは居住性を損なう限界の状態をいう．

＜解説＞　設備機器の使用限界状態として以下のようなものが考えられる．
① 設備機器の破壊
② 設備機器の停止
③ ドアなどの開閉障害

　これらの要因には，構造骨組および部材の変形・加速度・速度，ならびに設備機器自身に生じる変形・加速度・速度等が考えられる．

　設備機器が停止し，その建築物の機能に障害を生じさせる，あるいは日常の使用に支障を生じさせる場合でも，その後，構造骨組および部材の変形を修復することなく，容易に再稼働できれば，限界状態には含めないという考え方もある．

3.4.4　什器の使用限界状態

> 　構造骨組および部材の変形・振動により，什器が，その機能に障害を引起す限界の状態をいう．

＜解説＞　什器の使用限界状態として以下のようなものが考えられる．
① 什器の破壊
② 使用不可能状態：タンスの引出しの開閉不可等

　これらの要因には，構造骨組および部材の加速度，速度，変位等ならびに什器自身に生じる変形，加速度，速度等が考えられる．

　建築物の機能が什器に密接に依存している例として，病院が考えられる．病院の医療器具については，剛体と見なせないものも多く，特に振動への対処が必要である．

3.4.5 地盤の使用限界状態

> 地盤の支持能力の低下や変形・変状，振動が使用者の感覚障害，建築物の機能障害および敷地の通行障害を引起す限界の状態をいう．

<解説> 地盤の使用限界状態として，以下のような例が考えられる．
 ① 使用者の感覚障害や機能障害を引起す地盤の変形・変状など
 ② 使用者の感覚障害や機能障害を引起す地盤の振動

それらの要因として以下の例が考えられる．
 ① 使用者の感覚障害や機能障害を引起す地盤の変形・変状など：地盤の支持能力の低下などによる地盤沈下（圧密沈下，即時沈下など）や残留水平変位などがあり，地盤の化学的性質（pHなど）を併せて考慮することも必要である．

地盤沈下などに起因する敷地の通行障害などのほか，構造骨組，建築部材，設備機器，什器を使用限界状態に至らしめるような地盤の変形の程度も対象となる．また，周辺埋設物等の変形制限・居住環境なども併せて考える必要がある．地盤の変形の程度は，地盤の荷重-変位関係などにより評価する場合が多い．

また，この限界状態は，安全限界状態などと同様，地盤単独でなく，基礎構造を含めたものとして設定することが適切な場合もある．具体的な現象としては，建築物の傾斜や不同沈下による感覚障害などがある．

 ② 使用者の感覚障害や機能障害を引起す地盤の振動：地震動，交通振動，工事振動など，感覚障害や機能障害を引起すあらゆる振動発生源が要因である．地盤振動の影響に関しては，荷重・外力として評価する方法もある．

構造骨組，建築部材，設備機器，什器を使用限界状態に至らしめるような地盤の振動の程度であり，地盤の振動状況から床の応答加速度などを算定し，地盤振動の限界値を評価することが必要となる．

交通振動などの影響は，当該建築物の供用期間中の周辺環境の変化により異なる可能性もあり，注意が必要である．

なお，上記の限界状態を評価する際，当該建築物の供用期間中の地盤の状態変化（例えば，圧密沈下・豪雨等のよる地盤沈下・強度・剛性の変化，地下水位の変動，地盤環境の変化など）を適切に考慮することが必要である．

4節　荷重および外力

　想定すべき荷重および外力として，固定荷重，積載荷重，積雪荷重，風圧力，地震動（地震荷重），地盤に起因する荷重・外力（外乱），温度等のその他の荷重を考える．
　荷重・外力の大きさは，性能の水準に見合ったものとし構造物の供用期間と想定する荷重・外力の発生頻度を考慮し，法令で要求される大きさ以上とする．

＜解説＞　荷重・外力の発生頻度として，安全性の検証にはそれがきわめてまれなもの，修復性の検証にはまれなもの，使用性の検証には頻繁なものとするのが通常であるが，本章2.3で解説したように，建築物の用途，重要度により発生頻度の設定は設計者と建築主が合意して定めるものである．もちろん，法令で要求される最低限の発生頻度に配慮する必要がある．
　荷重・外力の大きさは，構造性能の水準に見合ったものとし構造物の供用期間と荷重・外力の発生頻度を直接評価して設定する方法のほか，基本となる発生頻度に対する荷重・外力の大きさ（基本荷重・外力）を定めておき，想定する発生頻度による基本荷重・外力の変換係数を定めていく方法もある．

4.1　固定荷重

　固定荷重は，建築物自体および建具等の重量で，原則として常時固定されている物体の重量をいう．固定荷重は，体積に単位体積重量を乗じて求められる．この時，単位体積重量のバラツキ，寸法誤差を適切に評価する．

＜解説＞　単位体積重量のバラツキは，使用する材料によって様々ある．鉄骨のように工場製品は，一般にそのバラツキが小さいが，コンクリート，木材などは比較的バラツキが大きい．特に，コンクリートは床等に多く使用され，固定荷重の大きな部分を含めるので，そのバラツキを設計段階でよく把握しておく必要がある．
　寸法誤差は，施工法，構法により違いがある．プレキャスト部材，鉄骨等は，比較的寸法誤差は小さいが，現場施工等では大きくなりがちである．
　固定荷重が設計を支配するような建築物および建築物の部分では，固定荷重のバラツキを考慮する必要がある．

4.2　積載荷重

　1．積載荷重は，人間や固定されていない家具，調度，物品等の重量をいう．

第3章 構造性能評価指針案

> 2．積載荷重は，非日常時および日常時の人間および物品の重量の集中あるいは偏在の状態を想定してその分布および大きさのばらつきを考慮する．

<解説> 積載荷重は，人間および物品の重量および配置，長期間の使用に伴う用途変更について実際に起こりうる状況を想定して設定する．非日常時とは，避難時，引越し時等の物品や人が異常に多いあるいは特定の場所に集中する時をいう．通常積載荷重は，等分布荷重として取扱われる．そのような場合，設計対象に応じ，人間および物品の重量の集中あるいは偏在の度合を考慮する必要がある．

実際に起こりうる状態を想定することは必ずしも容易ではない．この時同種の用途に供されている室の積載物の重量および分布状況を参考に積載荷重を設定する方法が考えられる．次式によって積載荷重を与えるのはそのような方法の1つである．長期間使用する建築物では，積載荷重を大きめに算定することが望ましい．

$$L_D = L_O \, C_E \, C_{R1} \, C_{R2} \tag{3.1}$$

ここで，L_D：設計用積載荷重
　　　　L_O：積載荷重の基本値
　　　　C_E：等分布換算係数
　　　　C_{R1}：面積低減係数
　　　　C_{R2}：層数低減係数（柱，基礎の鉛直力算定にのみ適用）

物品はおおむね，部屋自体と同様の動きをすると考えられる．それに対し，人間は必ずしも同じようには動かない．そこで，地震荷重算定用積載重量としては，「通常の状態」の「物品」の重量の平均値で設定すればよい．

(1) 積載荷重の基本値 L_O

荷重強さの基本値は，対象とする部位の負担面積を基準面積（例えば18m²）とした時の積載物の全重量を負担面積で除した値である．対象とする部屋の用途により，常時の使用状態における荷重強さの，適当な非超過確率をもとに定める．

(2) 等分布換算係数 C_E

等分布換算係数は積載荷重の分布状態を想定し，設計対象部位がそれより受ける荷重効果と等価な効果を与える等分布荷重値を与えるための係数である．積載荷重の基本値にこの係数を乗じることで，等価な荷重効果を与える等分布荷重値が求められる．

(3) 面積低減係数 C_{R1}

積載荷重の基本値は，対象部位の負担面積が基準面積とした時の値である．負担面積が広くなると一般に積載荷重のばらつきが小さくなる．逆に狭くなると大きくなる傾向にある．面積低減係数は，これを反映するための係数である．

(4) 層数低減係数 C_{R2}

積載荷重によって生じる柱の軸方向力は，その柱が支える各階の積載荷重の和となる．和をとることにより，積載荷重の各階でのばらつきはならされる．そのため，複数層を支える柱あるいは基

礎の積載荷重は，単層の積載荷重×層数に比べ小さくなる．層数低減係数はこの状況を反映させるものである．

なお，劇場，映画館，ホール，集会場，会議室，教室など人間の重量が主となる用途の室の積載荷重については，層数低減係数はほとんど起きないといわれている．

また，面積低減係数が既に適用されている場合には，層数による低減はある程度以上にならないといわれている．

4.3 積雪荷重

> 1．積雪荷重は，地上積雪荷重を，屋根形状，積雪期における風の影響を考慮し，屋根積雪荷重に変換したものをいう．
> 2．地上積雪荷重は，建設地点周辺で得られた地上積雪深のデータに基づき，豪雪の発生頻度，等価単位積雪重量により，周辺の環境を考慮して求める．

＜解説＞
(1) **積雪荷重**

積雪荷重は，比較的長期間にわたって作用する荷重である．**図-3.4**に積雪荷重の時間変化を模式的に示す．積雪期間は多雪地域では数ヶ月に及ぶ．積雪荷重は短時間の大きな値（図-3.4の積雪荷重のピーク）により構造物に破壊などの損傷をもたらす可能性があると同時に，短時間の値としては必ずしも大きくないが，長期間にわたって作用することにより，木構造等でクリープによる破壊を起す可能性もある．

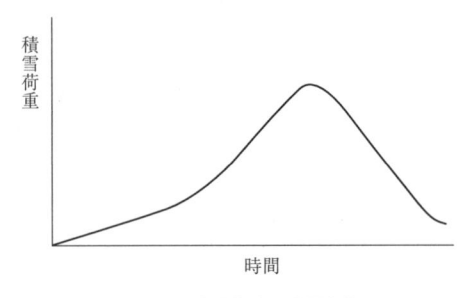

図-3.4 積雪荷重の時間変化

建築物の積雪荷重に関する要求性能の評価にあたっては，以上のような積雪荷重特有の性質を考慮する必要がある．さらには，風や日照等の影響により屋根上の積雪荷重に不均衡が現れることも考慮する必要がある．

ここでは参考として，積雪荷重を等価な静的荷重として与える1つの方法を示す．

制御を行わない場合の屋根積雪荷重は，評価用地上積雪荷重に建築物の屋根形状，積雪期における風などの影響を考慮する屋根形状係数を乗じて求める．評価用地上積雪荷重は，年最大地上積雪深の再現期待値に等価単位積雪重量を乗じて求められる．また，積雪を降水量として評価し，その重量の再現期待値から求める方法も考えられる．

$$S = S_0 \times \mu \tag{3.2}$$

ここで，S ：屋根積雪荷重
　　　　S_0：評価用地上積雪荷重
　　　　μ ：屋根形状係数

上記式（3.2）は図-3.4のピークにあたる積雪荷重を与えるものであるが，積雪荷重としてはそれが長期間にわたって作用を続けることも考えなければならない．

なお，さらに，風や日照等の影響により，積雪荷重が増加，減少するおそれがある場合は，屋根面における積雪荷重の不均等なども含めて，その影響を考慮する必要がある．

(2) 地震荷重算定用積雪重量

地震時に考慮する積雪荷重ならびに積雪重量は，Turkstra則に従えば冬季における積雪荷重（重量）の平均値を想定すればよい．

4.4 風圧力（風荷重）

> 1．風荷重は，風圧力に対象とする建築物あるいはその部分の構造特性を考慮して定める．
> 2．風圧力は，建設地点周辺で得られたデータに基づいて，強風の発生頻度，地表面の粗さ，周辺の地形の影響，および対象とする建築物，あるいはその部分の形状，規模，風向きとの相対的な関係を考慮して定める．

＜解説＞　建築物やその部分には，風圧力によって動的な応答が生じる．耐風設計は，一般にこの動的応答によって発生する最大応答に着眼して行われる．すなわち，最大応答を生じさせる等価な，静的な荷重を風荷重として与えるのが普通である．したがって，風荷重は，風圧力と対象としている建築物あるいはその部分の構造特性により決定されることになる．風荷重としては，構造骨組用風荷重（構造骨組用水平風荷重，屋根骨組用風荷重）と外装材用風荷重を考える必要がある．

なお，構造骨組用水平風荷重は，通常の場合，風向方向のみを考えればよい．しかし，対象とする建築物あるいはその部分が細長いか，あるいは剛性が低い場合には，風直角方向風荷重や，ねじれモーメントにも配慮する必要がある．非常に細長く剛性が低い場合には空力不安定振動にも配慮する必要がある．

風圧力の大きさは，強風の発生頻度，対象とする建築物の供用期間，重要度，目標性能などに基づいて定める．建築物あるいはその部分の構造特性とは，剛性や減衰定数等である．疲労の問題が懸念される場合には，風の継続についても配慮する必要がある．強風の風向別発生頻度について，十分な信頼度のある予測が可能な場合には，風向別に評価用風荷重を決定することができる．

風圧力は，動的な時系列の値として与える方法，パワースペクトルで与える方法などがある．風荷重はパワースペクトルで与える方法，等価な静的な値として与える方法等が考えられる．ここでは参考として，等価静的風荷重を与える手法の一例を示す．

風向方向の構造骨組用水平風荷重，屋根骨組用風荷重，外装材用風荷重とも，等価静的風荷重は次式（3.3）で示すように設計用速度圧，風力係数およびガスト影響係数の積により算定することができる．

$$P = CGqA \tag{3.3}$$

ここで，P：等価静的風荷重
　　　　C：風力係数
　　　　G：ガスト影響係数
　　　　q：設計用速度圧
　　　　A：見付け面積

　設計用速度圧 q は，年最大風速の再現期待値により与えることができる．積雪荷重との組合せを考える場合には，冬季間の年最大の再現期待値により与えることができる．

　風力係数 C は，平均風力を基準高さの平均速度圧で無次元化したものをいい，対象とする建築物ないし建築物の部分の表面の，外圧係数ないし室内圧係数を積分することで与えられる．外圧係数ないし室内圧係数は，対象とする建築物ないし建築物の要素の表面に作用する空気圧を，基準高さの平均速度圧で無次元化したものをいう．

　ガスト影響係数 G は，風力による建築物あるいはその部分の平均応答に対する瞬間最大応答の比で，平均風力を等価最大風力へ換算するための係数である．対象とする建築物ないし建築物の部分の表面に作用する外圧，室内圧の時間変動，互いの相関性，および建築物ないし建築物の要素の規模，振動特性を考慮して定められる．

(1) 設計用速度圧

　設計用速度圧は対象とする建築物の平均高さ H（以下，基準高さと呼ぶ）での値として次式により与えられる．

$$q_H = \frac{1}{2} \rho U_H^2 \tag{3.4}$$

ここに，q_H：設計用速度圧 [kgf/m^2]
　　　　ρ：空気密度で 0.125 [kgf·s^2/m^4] とすることができる．
　　　　U_H：設計用風速 [m/s]

設計風速は次式で与えられる．

$$U_H = U_0 R E_H E_G E_D \tag{3.5}$$

ここで，U_0：基本風速 [m/s]
　　　　R：再現期間換算係数
　　　　E_H：建築物の基準高さ H [m] における風速鉛直分布係数の値で，建設地が平坦だとしてその地表面粗度区分に応じて定める数値．
　　　　E_G：地形による風速の割増し係数
　　　　E_D：風向による設計風速の違いを評価する係数

　基本風速，再現期間換算係数，風向による設計風速の違いを評価する係数は過去の気象データをもとに算出する．用いる気象データは，統計量を算出するにあたって，その地域を代表しかつ信頼にたる結果が得られるものである必要がある．また，ある発生頻度の風速を予測する場合の予測方法や，使用するデータによる予測値のばらつきなども適切に評価する必要がある．

(2) ガスト影響係数

　ガスト影響係数は，建築構造物のあるいはその部分の平均風応答に対する瞬間最大風応答の比を与えるものとして次式で定義される．

第3章　構造性能評価指針案

$$G_f = \frac{F_{\max}}{\bar{F}} = 1 + \frac{f_{\max}}{\bar{F}} = 1 + g_f \frac{\sigma_f}{\bar{F}} \tag{3.6}$$

ここで，G_f　：ガスト影響係数
　　　　$F_{\max}$　：風力による瞬間最大応答値
　　　　$\bar{F}$　：風力による平均応答
　　　　$f_{\max}$　：変動風力による瞬間最大応答値の変動成分
　　　　σ_f　：変動応答のrms値
　　　　g_f　：ピークファクター

建築物全体に対する構造骨組用水平風荷重のガスト影響係数は，風速変動等に起因する，当該建築物の風下面，風上面の作用する風圧の変動の大きさ，相関性，およびその建築物の規模，振動特性を考慮して定める．

屋根骨組および外装材のような建築物の部分に対する，ガスト影響係数は，建築物の当該部分の両面の作用する風圧の変動の大きさ，相関性，およびその建築物の部分の規模，振動特性を考慮して定める．

(3)　**風力係数，外圧係数，内圧係数**

風力係数は，原則として風洞実験データに基づき決定する．

風力係数は，建築物あるいは建築物の部分に作用する風力 F を基準速度圧 q_{ref} および見付け面積 A で除したものとして定義される．

$$C = \frac{F}{q_{ref} A} \tag{3.7}$$

ここで，基準速度圧とは，当該建築物の基準高さ H と同じ高さでの自由流（周辺の地上物の影響を受けていない風）の平均速度圧をいう．

風力は対象とする建築物あるいはその部分の表面に作用する圧力（外圧，室内圧）より求めることができる．例えば，建築物の風向方向の風力の場合，風上面，風下面の風圧の差で与えられる．外装材の場合には，外圧と室内圧の差で与えられる．

4.5　地震動（地震荷重）

1．地震動（地震荷重）とは，過去の歴史地震，活断層，地震地体構造に基づき，当該地域基盤における考慮すべき地震を主にサイトでの地動の強度指標（例えば最大加速度）と発生頻度との関連で選定・規定する．
2．当該サイトでの地震動，地震動特性を評価する．
3．得られた地表面（あるいは地中または解放基盤面）での地震動に対してさらに相互作用の影響を考慮して建築物に作用する入力地震動を評価する．

＜解説＞
(1)　**地震活動度評価**

地震活動度は，以下の式で評価する．

$$E_i = E\,[PGA \fallingdotseq PGA(Te)] \tag{3.8}$$

$i = 1 \sim n$, n は対応する地震の個数

ここで，E は地震を，PGA は最大加速度あるいはそれに代る強度指標，Te は考慮の対象とする再現期間，$PGA(Te)$ は再現期待値とする．

地震の活動度，震源メカニズム，想定震源位置等は地点ごとに異なるが，評価上考慮すべき地震のタイプとして少なくとも3つのタイプがあげられる．

① 歴史地震データによる過去の被害地震
② 活断層データによる地震
③ 地体構造による場所は特定されないが起こることが推定される地震

ここで③は①，②のデータが必ずしも十分ではないことに鑑み，同一の地体構造に属する地域では他の場所で過去に起こった地震と同様な地震は起こりうると考え想定するものである．

(2) 地震動評価

当該サイト j での地震動，地震動特性は，当該サイトにおいて評価すべき地震（複数）を選択し，それから発生する地震動を震源特性，伝播特性，サイト特性の積により算定する．

1) 震源特性を考慮しなければならない場合

震源距離が断層サイズと同程度かそれ以下になると，震源メカニズムや破壊プロセスの違いが地震動特性に及ぼす影響が無視できない．評価用地震動特性の算定は，次式のように，それらの影響を評価できる地震動モデルを用いて行うことができる．

$$A_{ij}(f) = G(f, E_i) \times P_{ij}(f) \times S_j(f) \tag{3.9}$$

$i = 1 \sim n$, n は対応する地震の個数

ここで，$A_{ij}(f)$ ：求めるべき地表面あるいはそれに代る地震動評価基準面での評価用地震動特性（スペクトル）

$G(f, E_i)$ ：i 番目の地震 E_i の震源特性

$P_{ij}(f)$ ：i 番目の地震から j 番目のサイトまでの伝播経路特性（距離減衰）

$S_j(f)$ ：j 番目のサイトの地盤増幅特性

なお，地震発生以前に震源メカニズムや破壊プロセスを決定すること，および地震学的基盤から表層に至るまでの地下構造を，その都度サイトごとに精密調査することは困難である．したがって，評価用地震動特性の評価に際しては，用いる評価法，事前情報の精度や確度に応じて生じる増幅度のばらつきや変動を考慮する．

2) 震源過程を考慮しなくてよい場合

一般に，震源距離が断層サイズより大きな地震（例えば，通常の海溝性の大地震）では，震源プロセスの微細な変動の影響は少ないので，次式により評価用地震動特性を算定することができる．

$$A_{ij}(f) = GP_{ij}(M, \Delta, f) \times S_j(f) \tag{3.10}$$

ここで，$GP_{ij}(M, \Delta, f)$：基盤地震動スペクトル

$GP_{ij}(M, \Delta, f)$ は，M-A 回帰式などによって算定することができる．なお，地震基盤までの地下深部構造に起因するやや長周期地震動特性については，必要な場合には別途考慮する．

第3章　構造性能評価指針案

(3)　サイト地盤増幅特性評価

j番目のサイトの地盤増幅特性$S_j(f)$は，表層地盤の増幅特性係数，不整形による補正係数の積により算定する．ただし，不整形形状が複雑であったり，非線形化等の発生によって地盤の増幅特性が著しく変化することが考えられる場合は，これらの影響を考慮できる地震応答解析により求める．

$$S_j(f) = S_{1j}(f) \times S_{2j}(f) \qquad (3.11)$$

ここで，$S_{1j}(f)$：表層地盤の増幅特性係数

　　　　$S_{2j}(f)$：不整形による補正係数

1）表層地盤の増幅特性係数

地層がほぼ水平成層状態で，しかも過剰間隙水圧の影響が無視しうるような表層地盤については，水平成層構造を鉛直に伝播するせん断波の卓越振動数を考慮して表層地盤の増幅特性係数を算定することができる．

2）不整形による補正係数

不整形による補正係数は，地盤構造不整形が地震動に与える影響を考慮するための係数で，不整形の程度に応じて定める．地層がほぼ水平成層状態で不整形の影響が無視できる場合には，$S_{2j}(f) = 1$としてよい．

(4)　相互作用評価

地盤－基礎－建築物連成系が建築物への入力地震動に与える相互作用評価は伝達特性として評価し，次式により建築物基礎における評価用地震動を算定する．これは等価な基礎固定建築物モデルへの入力地震動を求めることに相当する．

$$C_{ijk}(f) = A_{ij}(f) \times I_k(f) \qquad (3.12)$$

ここで，$C_{ijk}(f)$：建築物基礎における評価用入力地震動

　　　　$I_k(f)$　：相互作用を考慮するための補正係数スペクトル（伝達関数）

なお，地盤や基礎構造の非線形性が，荷重の評価に多大な影響を及ぼすと考えられるほど大きなものになると予想される場合には，より現実的な詳細モデルにより検討する．

(5)　地震荷重評価

建築物基礎固定時の有効入力地震動と等価な地震荷重あるいは地震荷重相当の評価用地震荷重指標は，評価用地震動を次式によって変換することで算定する．

$$D_{ijkl}(f) = C_{ijk}(f) \times B_l(f) \qquad (3.13)$$

ここで，$D_{ijkl}(f)$：評価用地震荷重指標

　　　　$B_l(f)$：建築物の特性とその評価上の仮定を考慮して地震荷重（層せん断力係数など）
　　　　　　　　に換算する係数

ただし，評価用地震荷重指標のような平均的強度指標でその破壊力（建築物に大きな塑性変形を与える力）をとらえることができない地震動の場合には，時刻歴波形を作成して動的解析を行うなど，地震動特性を反映できる手法によって別途検討を行う．

(6)　再現期間

評価用地震荷重を決定するにあたっては，当該建築物の供用期間，用途，重要度等を考慮し，想

4節 荷重および外力

(7) 地震動による慣性力算定

　地震動による慣性力算定のためには固定荷重として算定される建築物等の自重に加え，積載荷重で算定する物品の重量を見込む．

4.6 地盤に起因する荷重・外力

> 1．地盤に起因する荷重・外力は，土圧，水圧，負の摩擦力，その他地盤変形に起因する荷重・外力をいう．
> 2．地盤に起因する荷重・外力は，地盤条件，地下部分の構造体の特性，当該建築物の供用期間中の地盤環境の変化などを考慮して決定する．

＜解説＞　(1)　土　　圧

地下構造物（外壁）および擁壁に作用する土圧は，下記の点などを考慮して設定する．
　① 背面の土質
　② 背面の形状・勾配
　③ 背面の積載荷重
　④ 壁体と土の摩擦係数および摩擦力の作用方向
　⑤ 壁体の形状
　⑥ 壁体の変形
　⑦ 地下水位
　⑧ 背面地盤の崩壊形
　⑨ 地震動の大きさ

　外壁および擁壁に作用する土圧とは，背面地盤が自立性を欠く場合や壁面が背面地盤側を面外方向に押す場合に壁面に加わる荷重の総称であり，静止土圧，主働土圧，受働土圧のいずれかを用いることが多い．壁に作用する土圧は，土圧作用時の壁面の変位によって主働土圧，静止土圧，受働土圧に大別される．主働土圧は，壁面が土から離れる方向に移動する場合の土圧であり，受働土圧は壁面が土を押す方向に移動する場合に生じる土圧である．静止土圧は，壁面が移動せず静止している状態で生じる土圧である．土圧の大きさとしては，主働土圧，静止土圧，受働土圧の順に大きくなる．

　土圧は，背面地盤の崩壊形を適切に想定し，崩壊を想定した土塊の重力および地震力に基づく崩壊力と崩壊面上の土のすべり抵抗力の力の釣合いを基本として算定できる．その際，壁面の摩擦，背面勾配等を適切に考慮しなければならない．

　壁体や背面地盤が単純な場合には，クーロン土圧が基本となる．この他，崩壊系を特に想定せず，背面地盤の塑性平衡状態を考慮したランキン土圧もある．背面の形状等が複雑な場合には，試行クサビ法が適用できる．地震時土圧に関しては，鉛直震度や水平震度を想定してクーロン土圧に拡張した物部・岡部による方法がある．また，崩壊形を特に想定せず，地盤の特性値から地盤バネ等を設定し，壁と地盤との相互作用としての応答値を算出して土圧とする方法もある．

(2) 水　　圧

地下構造物に作用する水圧は，下記の点などを考慮して設定する．

① 地下水位の季節変動
② 地下水位の経年変化
③ 洪水時水位
④ 豪雨時水位

地下構造物に作用する水圧は，地下外壁に作用する水平方向の圧力と，基礎スラブに対して鉛直上向きに作用する圧力（浮力）に大別される．擁壁においても，壁体の排水機能が不足する場合には水圧を考慮することが必要となる．

地下水位の季節変動・経年変化に関しては，当該敷地周辺での水位変動の実測結果等を基にして，供用期間中の変化を適切に予測することが必要である．また，この際，地下水の利用状況に関しても考慮することが必要である．

洪水時水位に関しては，当該敷地の地形的特性や周辺での洪水等の発生状況，治水・利水からみた洪水対策の現状などを考慮することが必要である．

豪雨時の水位に関しては，傾斜地等の特定の地形条件の場合に重要となるが，これらに関しては，地すべり等の地盤の崩壊を検討する際に併せて考慮することが望ましい．

(3) 負の摩擦力（negative friction）

地盤の負の摩擦力とは，支持杭周辺の地盤が沈下することによって，杭基礎の周面に下向きに作用する摩擦力をいう．

この地盤の負の摩擦力は以下の点などを考慮して設定する．

① 杭の性質（杭の断面，杭長，剛性）
② 地盤性状（支持地盤および周辺地盤の性状）
③ 杭の施工方法

地下水位の低下などによって地盤沈下が生じるような地盤中を貫通し，支持層に達しているような杭基礎の場合，周辺地盤の沈下が大きくなると杭基礎と地盤間に相対変位が生じて杭基礎の周辺に下向き（負の方向）の摩擦力が働くようになる．この摩擦力は杭基礎の軸力を増大させ，杭基礎が破損したり，構造物の不同沈下を生じさせる原因となる可能性があるため，杭基礎の設計時には地盤沈下量の計算とそれに伴う負の摩擦力を評価する必要がある．

杭基礎周面に生じる正負の摩擦力は，杭の断面や杭長，杭基礎周面に生じる摩擦応力度などによって定義されるが，摩擦応力度は地盤種別やN値などの特性値，杭種などに関係することが既往の研究から明らかになっている．

(4) その他地盤変形に起因する荷重

地盤変形は様々な要因によって発生し，水平方向および鉛直方向の変形が考えられる．地盤の変形は，比較的小さな弾性変形から，液状化等の非線形化を伴った比較的大きな変形，大きな残留変形を伴う側方流動や地すべりなどが考えられる．大きな残留変形を伴うような地盤変形は建築物の転倒や崩壊をもたらすおそれがあり，杭基礎にとっても抵抗し難い強制変形となる場合がある．

1）地震時の地盤変形

地震時の地盤変形に起因する荷重とは，地震によって地盤が水平方向に震動し，地盤に直接的

に接する杭基礎や地下外壁が地盤から受ける強制変形によって評価できる．

この地盤変形に起因する荷重は，以下の点を考慮して設定することができる．
① 地盤の層序と地盤物性（層厚，地盤種別，地盤の剛性や減衰）
② 地震動の特性（周波数特性と振幅の大きさ）
③ 杭の仕様（杭径や剛性）

地盤が震動することによって杭基礎が強制的に変形させられると，杭基礎に大きな応力が生じる可能性がある．杭基礎は比較的軟弱な表層地盤上の建築物に用いられるため，大方の場合，地震時には地盤は震動して，杭基礎は強制変形させられることになるが，地盤の層序や地盤物性によって影響が大きく異なる．特に問題となるのは，地盤の剛性が急に変化する地盤の場合や硬い地層が軟らかな地層に挟まれている場合などである．これらの場合には，地盤は剛性の急変する層境界で大きなせん断変形を生じ，それに伴って杭基礎も大きなせん断力，曲げモーメントが発生する．地盤の変形性状で主として問題となるのは表層地盤の1次モードであるが，地盤変形の振幅の大きさや1次モードの励起の度合は地震動の特性（周波数特性と振幅の大きさ）によって決る．

地震による地盤の変位を静的に評価する場合には，地震によって生じる地盤の各層の最大変位分布を求めることが一般的に行われる．簡単な例としては，地盤の1次モード形の固有値解析を行ったり，地盤剛性（例えば，インピーダンス比等）の情報を使って変位を求め，また，地表面の変位を予め設定した変位スペクトルから求めて，表層地盤全体の変位を算定する方法等がある．もう少し正確に地盤変位分布を求めたい場合には，一次元波動論に基づく等価線形化手法がよく用いられる．より精算的な方法としては，動的な時刻歴非線形解析を行うことになるが，この場合には，せん断弾性係数と減衰定数の歪み依存性（G-γ 曲線，G-h 曲線）が必要となる．

また，地盤の変形に伴う荷重は地盤を介して杭基礎の強制変形という形で作用するため，杭自体の大きさや剛性によっても杭応力への影響度合は変ってくる．液状化がある層で発生した場合には，その層の変形が相対的に大きくなるため，地盤による強制変形の影響は大きくなるが，液状化の発生は地盤の物性や地下水位，また地震動の大きさに依存する．

2）その他の地盤変形

地滑り・側方流動などに起因して，杭基礎などの地下部分に作用する荷重は，地形条件・地盤条件・地震動・当該敷地における地盤災害の履歴などを考慮して，地盤の変位分布と地盤の変形係数等に基づき，推定することができる．ただし，これらの評価に際しては，詳細な地盤調査と適切な解析モデルを要するので，既往の被害事例などを考慮してケースバイケースで対処することが必要である．

(5) 地盤環境の影響

地盤に起因する荷重・外力は，地盤環境の変化によって影響を受ける．地盤環境の変化としては，圧密沈下などによる地盤沈下，地下水位の季節変動・経年変化，当該敷地周辺の地形・周辺環境の変化，地盤の化学的性質の変化，風化・化学的浸食・地温などによる地盤の強度・剛性低下など，様々なものが考えられる．これらの影響は，ケースバイケースで大きく異なるので，敷地調査や地盤調査などに基づき適切に評価することが必要である．

また，地盤環境の影響は，上記の荷重・外力を評価する場合だけでなく，地盤の限界状態を評価する場合においても併せて考慮することが必要である．

4.7 その他の荷重

> 必要に応じて以下の荷重を定める．
> 1．温度による荷重
> 2．人間の行動に伴う荷重
> 3．機械等の重量および振動や衝撃による荷重
> 4．運搬設備およびその装置による荷重
> 5．それ以外の要因による荷重

<解説>
① 温度による荷重：建築物の種類または形状により，温度変化のため特に大きな応力を生じる場合は，温度による荷重効果を考慮しなければならない．
② 人間の行動に伴う荷重：歩行による床，骨組の振動等，使用性の評価に重要な荷重となりうる．
③ 機械等の重量および振動や衝撃による荷重：エネルギー施設，エレベータ機械等による重量そこで使用される動力装置等の振動，衝撃が考えられる．
④ 運搬設備およびその装置による荷重：工場のクレーン，フォークリフトの重量，振動，衝撃が考えられる．
⑤ それ以外の要因による荷重：交通振動，構造性能を劣化させる炭酸ガス，塩分，紫外線等の要因による荷重効果が考えられる．

4.8 荷重および外力の組合せ

> 荷重の組合せの原則は，主となる荷重が最大値（非日常的な極大値）をとる場合，他の荷重は平均値（日常的な値）をとることとする．

<解説> 建築物を限界状態に達せさせるのは，ほぼ一定の値をとりつづける固定荷重を除いたどれかの荷重が非日常的な極大値に達した時である．対象とする荷重を固定荷重D，積載荷重L，積雪荷重S，風荷重（風圧力）W，地震荷重（地震動）Eとした場合，これらの組合せは，雪が日常的な荷重として想定されない一般的な地域では次の4種類が考えられる．

いずれも左端の荷重が非日常的な極大値に達したもので，主の荷重として扱うべきものである．左から2番目以降の荷重は日常的な値のもので従の荷重として扱うものである．

① $L+D$
② $S+D+L$
③ $W+D+L$
④ $E+D+L$

積雪荷重が日常的な荷重として想定される多雪地帯の冬季に限定した場合，荷重の組合せは次の4種類が考えられる．

① $L+D+S(m)$
② $S+D+L$
③ $W(w)+D+L+S(m)$
④ $E+D+L+S(m)$

ここで，$S(m)$：多雪地帯で想定される日常的な積雪荷重
　　　　$W(w)$：冬季に限定した場合の非日常的な極大値（＝最大値）

5節　応答値の算定

5.1　原　　則

> 1．荷重および外力によって建築物またはその一部に生じる応答値の算定は，力の釣合い，変形の適合条件，材料特性，部材特性を考慮した信頼性を有する適切な方法による．また，性能評価項目に応じて，適切な工学量を算出できる方法による．
> 2．地盤の影響を適切に考慮する．
> 3．荷重の継続時間の影響を適切に考慮する．
> 4．荷重・外力，モデル化，材料特性算定法等の不確定性を考慮する．

＜解説＞
(1)　骨組等の構造解析において，荷重や変位が満足しなければならない3つの条件がある．それらは，以下のとおりである．
　① 各部材端に働く荷重は，部材を釣合いの状態に保つものでなければならない．さらにどの節点でも，節点に集まる部材端に作用する荷重の総和は，その節点に作用する外力に等しくなければならない．これは，釣合い条件または平衡条件とよばれている．
　② 各部材端の変位は，部材が接続している節点の変位と適合しなければならない．これは，変形の適合条件とよばれている．
　③ 各部材端に働く荷重と部材端の変位は，部材を構成する材料の応力度-歪み度関係または部材実験等から導かれる関係を満足しなければならない．

応答値の算定は，上記3つの条件を満足し，十分な信頼性を有する適切な方法を用いて行う必要がある．例えば，マトリックス法による構造解析等である．

性能評価項目には，耐力や変形のほか，応答加速度や応答速度が必要となることもある．例えば，什器の転倒などに対してである．このような場合には，加速度や速度を評価できる適切な方法を用いる．

(2)　地盤の変形等を無視することができない場合があるので，それらの影響を適切に考慮する必要がある．例えば，地盤バネを含めた全体系として応答値を算定すること，逆に，基礎固定とする場合には，その条件を満たすような地盤条件であることを確認する．

(3)　木材やコンクリート等のように，クリープ変形が生じる材料については，作用している荷重の継続時間を適切に考慮して応答値の算定を行う．例えば，等価剛性を用いる方法などである．

(4)　荷重・外力，構造物のモデル化，応答値の算定方法には，それぞれ不確定性（ばらつき）があり，その結果得られる応答値も不確定性を含んでいるものである．それらを適切に考慮して，得られた応答値の位置づけを行う必要がある．

5.2 積載荷重に対する応答値の算定

> 1．積載荷重に対する骨組の応答値は，力の釣合い，変形の適合条件，材料特性，部材特性を考慮して算定する．
> 2．荷重の継続時間の影響を適切に考慮する．
> 3．積載荷重に対する構造部材以外の部分（非構造部材），設備機器，什器の応答値は，上記1．で算定された骨組の変形に基づき算定する．

＜解説＞
(1) 安全性，修復性に対する骨組の応答値算定にあたっては，部材の復元力として非線形性を考慮することもできる．使用性に対する骨組の応答値算定にあたっては，部材の復元力特性が線形性が成立する範囲内で行うことが望ましい．
(2) 積載荷重は，屋根および床に均等に分布する場合に加え，不均等に偏在する場合も検討する必要がある．

5.3 積雪荷重に対する応答値の算定

> 積雪荷重に対する応答値の算定の方法は，前項5.2に示した積載荷重に対する応答値の算定と同じ方法とする．

＜解説＞ 積雪荷重は，屋根上に均等に分布する場合に加え，不均等に偏在する場合も検討する必要がある．

5.4 風圧力に対する応答値の算定

> 1．風圧力に対する骨組の応答値は，力の釣合い，変形の適合条件，材料特性等を考慮して算定する．
> 2．主として，風方向のみの応答を考慮すればよい．ただし，風直角方向の振動，ねじれ振動，空力不安定振動にも配慮が必要な場合がある．
> 3．風圧力に対する構造部材以外の部分（非構造部材）等の応答値は，直接作用する風圧力および上記1．で算定された骨組の変形に基づき算定する．

＜解説＞ 建築物の風圧力に対する応答は，建築物の規模や構造特性によって異なり，それに応じて算定方法も異なったものとなる．
　住宅のような小規模建築物の場合は準定常的に風荷重が評価でき，剛性の高い建築物であれば準静的な算定法で応答値が求まる．規模の大きい建築物では規模効果が無視できず，剛性が低くスレンダーな建築物では共振効果が無視できない．このような場合には，風圧力の変動成分の空間相関

や，共振応答の影響を考慮して，応答値を算定する必要がある．通常は，風方向の応答のみを考えればよいが，風で揺れやすい建築物では，風直角方向振動やねじれ振動の評価が必要な場合もある．ただし，これらの振動が大きい場合には，空力弾性的に非線形な挙動が現れて，応答値の理論的な解析は困難となる．このため，自然風を模擬した風洞実験によって変動風圧力の振幅依存性などを詳細に検討し，その結果に基づいて応答値を算定したり，弾性模型を用いて応答値を直接計測して，実験的に評価するなどの対応が必要となる．

外装材等の非構造部材における応答値の算定では，局部風圧や内圧変動の効果に留意する必要がある．

風圧力に対する応答値は，地震力による場合と同様にエネルギー的考察による算定も可能であるが，通常は，次の2つの手法で算定されている．
① 確率統計的応答解析
② 時刻歴応答解析

なお，建築物の規模や構造特性も考慮した等価静的風荷重（本章4.4「風圧力」参照）が与えられた場合には，ガスト影響係数の中に最大応答の評価が含まれているので，この風荷重を作用させた静的解析によって自動的に最大応答値が算定される．

(1) 確率統計的応答解析

確率統計的応答解析は，自然風のランダムな乱れによる風方向応答の評価方法として定式化されたもので，一般にスペクトルモーダル法と呼ばれている解析手法である．応答解析にあたっては風圧力を定常確率過程とし，建築物をモデル化した振動系は弾性体とみなす場合が多い．

解析に必要な変動風圧力の確率統計的情報は，実測による資料とともに，剛な模型を用いた風洞実験によって得るのが普通であり，平均風圧力の実験結果と変動風速の確率統計的な情報を用いて推定する場合と，変動風圧力を直接計測した実験結果に基づく場合がある．この変動風圧力は，通常，1次の一般化風力に換算され，スペクトルモーダル法にあてはめて応答のパワースペクトル密度が計算され，標準偏差とピークファクターから最大応答値が算定される．

居住性評価などに必要な応答加速度についても，一般化風力のパワースペクトル密度から応答加速度のパワースペクトル密度を計算し，これに基づいて応答値が算定できる．

(2) 時刻歴応答解析

時刻歴応答解析による風応答の算定は，風圧力に定常性が期待できない場合，大スパン建築物等で多くのモードを解析対象としなければならない場合，弾塑性応答を対象とする場合，一定の等価減衰などでは置換しにくい制振装置を備えている場合などに有効である．解析にあたっては，振動系の減衰定数や固有振動数を考慮して，時間刻みを安定限界以下にすることはもちろんであるが，変動風圧力の周波数特性や解析結果に要求される精度に応じて適切に時間刻みを設定する必要がある．

解析に用いる変動風圧力の時刻歴を得るには，風洞実験によって直接計測する方法や，モデル化されたクロススペクトル密度など変動風圧力の統計的情報に基づいて模擬的に発生する方法がある．なお，同じ統計的性質をもつ風圧力の時刻歴であっても，個々のサンプルで解析結果にばらつきがあり，性能評価に用いる風応答値としては，適切な個数の解析結果をアンサンブル平均した値を用いるなどの配慮が必要である．

5.5 地震動に対する応答値の算定

> 1．地震動に対する骨組の応答値は，力の釣合い，変形の適合条件，材料特性，部材特性，動的増幅および建築物の減衰性を考慮して算定する．
> 2．地盤の影響を適切に考慮する．
> 3．地震に対する構造部材以外の部分（非構造部材），設備機器，什器等の応答値は，上記1．で算定された骨組の変形，応答加速度などに基づき算定する．

＜解説＞ 構造物の地震時の応答は，慣性力を含めた瞬時における力の釣合式である運動方程式によって記述される．

運動方程式において最も重要な項は，構造各部の復元力である．復元力項は，一般に，変形の関数として記述される．構造物が弾性挙動する場合には復元力と変形との関係は線形であるが，構造物が塑性化すると復元力と変形との関係は1対1の対応を失うため，復元力と変形との関係は，任意の変形履歴に対して復元力特性として明確に記述される必要がある．最も単純な変形履歴は，変形が単調増加する場合であり，この一方向荷重載荷時における荷重-変形関係との対応において復元力特性が記述されるのが一般的である．

弾性範囲の構造物の挙動に関しては，スペクトル解析，モード重合せ法により応答の解析的表現が可能である．一方，構造物の耐震安全性に係わる非線形領域の構造物の応答は，運動方程式を数値積分によって解く，時刻歴応答解析が唯一の厳密解を得る方法である．しかし，復元力特性を含めて，構造物の応答を支配するパラメーターはきわめて多く，解析結果が設計された構造物の応答に正しく対応したものであることを判断するためには構造物の応答と構造パラメーター間の対応関係に関する一般的知識が必要とされる．

また，設計された構造物の材料特性，部材特性を確定することは困難であり，それらの変動幅における応答の変動をも予測しなければならず，そのためにも構造物の応答に関する知識の蓄積が必要である．

構造物の応答に関する知識を蓄積する際の拠り所となる方法として，次の2つが有力である．
① 非線形応答と線形応答を対応づける方法
② エネルギーの釣合いに着目する方法

(1) 非線形応答と線形応答を対応づける手法

線形応答は明解であり，非線形応答をこれに対応づけることができれば，非線形応答を理解することが容易となる．この方法の妥当性の根拠の1つとして，1つの地震動に対する構造物の弾性応答に比例した強度分布を構造物に与えると，構造物の塑性変形が構造物に一様に分散するという意味において，弾性応答が1つの理想的強度分布を与えるという事実がある．非線形系の必要な強度レベルを示す方法の1つとして，弾性応答に一定の低減係数を乗じる方法がある．低減係数は，建築基準法に示される D_s 値であり，米国における R 値の逆数，EC諸国における q 値の逆数がこれに相当する．低減係数は，材料特性，部材特性，構造特性に依存し，非線形応答解析を総合して得られるものである．

低減係数を求める方法と同工異曲の方法として，復元特性を等価剛性と等価減衰に分解する等価

線形化手法がある．この場合も，等価線形化手法は非線形応答解析を総合して導かれることになる．

(2) エネルギーの釣合いに着目する方法

運動方程式に応答変形増分を乗じて，地震継続等間で積分すれば，構造物のエネルギー吸収と地震による構造物へのエネルギー入力に関する釣合式が得られる．この釣合式は，応答変形が正しく与えられれば厳密に成立する．したがって，応答解析で得られた結果をエネルギー釣合式を用いて整理すれば，応答に係わる情報を積分したよりも，一般的な情報が得られることになる．エネルギーの釣合式を用いることの有効性は，地震により構造物にもたらされるエネルギーは，専ら構造物の総質量1次固有周期に依存する安定した量であるという事実によって高められる．エネルギーの釣合式は非線形解析を総合するための一般的枠組を与え，(1)項に述べた低減係数，等価線形化手法の論理的根拠を与える．

このように，(1)，(2)で示される一般的応答特性を表現しうる包括的な手法と，個々の構造物特有の条件を反映しうる非線形応答解析を併用することによって，構造物の応答を立体的に把握することができる．

6節　限界値の設定

　限界値は，本章3節「限界状態」に示す各評価対象の限界状態に照らし合せて適切に設定する．なお限界値の設定には，応答値の算定に用いられる仮定が成立しうる範囲を考慮しなければならない．

＜解説＞
(1) 限界値に用いる工学量
　本章1.2「用語」にも述べられているとおり，限界値とは「限界状態を表す工学量」をいう．この工学量の種類としては，変形，力，振動数，加速度，速度，エネルギーなどが考えられる．設計者は，限界値を，本章3節「限界状態」に示す各評価対象の限界状態に照らし合せ，建築主の要求や，法が要求する最低限満足すべきレベルを勘案して適切に設定する．限界状態と限界値に用いられる工学量の種類の例を，**表-3.4**(a)～(c)にまとめて示す．なお，いずれの項目も，材料特性の劣化も考慮する必要がある．

(2) 限界値の設定
　限界値の設定にあたっては，想定する評価対象の状態を適切に表す工学量の種類と，その値を設定することが重要である．ただし，一般に表現される建築物の状態や人の感覚には曖昧さがあり，これを工学量で一義的に表すことが容易ではないこと，および状態を工学量に変換する計算の過程にばらつきが含まれ，ある範囲をもった値となることに注意すべきである．

表-3.4(a)　安全限界状態と安全限界値に用いる工学量
安全に係わる限界状態（安全限界状態）

1)	鉛直荷重支持部材の支持能力の低下が人命の危険度から許容される限界の値に達する状態（層の鉛直力支持能力の喪失，床の鉛直支持能力の喪失など）
	限界値：鉛直支持能力が喪失されない限界の骨組／層の変形（復元力特性・崩壊モードを勘案），クリープを考慮した床の鉛直支持限界耐力など
2)	構造部材・非構造部材の脱落・飛散が人命の危険度および避難の観点から許容される限界の状態
	限界値：部材が脱落・飛散しない限界の骨組の変形（強制変形に対して），部材が脱落・飛散しない限界の部材応力および接合部応力（慣性力に対して）（いずれも接合部の取付け方や脱落に対する安全性の保証などを勘案）
3)	設備機器・什器の落下，転倒，移動が人命の危険度および避難の観点から許容される値に達する状態
	限界値：設備機器・什器が落下しない限界の骨組の変形（強制変形に対して），設備機器・什器が落下しない限界の設備機器・什器の応力および接合部応力（慣性力に対して），設備機器・什器が転倒しない限界の床応答加速度と振動数の関係または移動しない限界の床応答加速度と摩擦係数の関係
4)	地盤の崩壊や変状が人命の危険度から許容される限界の値に達する状態［地盤の崩壊（地滑り，盛土法面の崩壊，側方流動など），鉛直支持部材の鉛直支持能力の喪失や建築物の転倒を引起すような変状など］
	限界値：地盤の崩壊が生じない限界の地盤の応力または変形，鉛直支持部材の鉛直支持能力の喪失や建築物の転倒が生じない限界の地盤の変形（傾斜，沈下など）または支持耐力

注）*1　いずれの項目も，材料特性の劣化も考慮する．
　　*2　限界値は，応答値を求める解析や計算の仮定が成立する範囲内で設定する．

第3章　構造性能評価指針案

表-3.4(b)　修復限界状態と修復限界値に用いる工学量
修復性に係わる限界状態（修復限界状態）

1)	構造骨組の損傷が補修の容易性から許容される値に達する状態
	限界値：補修の容易性から定められる骨組・層の最大変形角，残留変形角，残余エネルギー吸収量，残余水平耐力，残余鉛直耐力，残余剛性など
2)	構造部材・非構造部材の損傷が補修の容易性から許容される値に達する状態
	限界値：構造部材の補修の容易性から定められる部材の最大変形角，残留変形角，残余エネルギー吸収量，残余耐力，残余剛性，ひび割れ幅，材料ひずみなど
	非構造部材の補修の容易性から定められる骨組の最大変形による強制変形，および慣性力に対する非構造部材および取付け部の応力／ひずみ，ひび割れ幅など
3)	設備機器や什器の落下，移動，転倒等に起因する損傷が補修の容易性から許容される値に達する状態
	限界値：補修の容易性から定められる骨組の最大変形（強制変形に対して），設備機器・什器の応力または水平方向慣性力（慣性力に対して），床応答加速度と振動数または摩擦係数の関係（転倒・移動に対して）
4)	地盤の損傷（支持能力の低下や変状）が補修の容易性から許容される値に達する状態
	限界値：補修の容易性から定められる地盤の応力，変形（傾斜・沈下）など

注）*1　修復の容易性：修復による構造性能の回復性・補修工事の難易度・補修後の財産性の観点などから設計者が定める
　　*2　いずれの項目も，材料特性の劣化も考慮する．
　　*3　限界値は，応答値を求める解析や計算の仮定が成立する範囲内で設定する．

表-3.4(c)　使用限界状態と使用限界値に用いる工学量
使用性に係わる限界状態（修復限界状態）

1)	床や架構の振動が感覚障害から許容される値に達する状態
	限界値：床スラブの振動感覚曲線（周期，加速度振幅），水平振動に関する振動感覚の基準など
2)	床や架構の振動が機能障害から許容される値に達する状態
	限界値：建築物自体の機能や設備機器等の機能が損なわれない限界の骨組や床の最大応答加速度，水平方向慣性力など
3)	構造骨組・構造部材・非構造部材の変形が感覚障害から許容される値に達する状態
	限界値：変形に対して感じる感覚（視覚，触覚）から求まる許容たわみ量，ひび割れ幅，局部圧壊等の発生が生じない部材変形量など
4)	構造骨組・構造部材・非構造部材の変形が機能障害から許容される値に達する状態
	限界値：変形によって生じる機能上の障害から求まる許容たわみ量，各部の応力など
	(a) 構造部材の障害（気密性，防水性，遮音性を阻害する状態，床の傾きなど）
	(b) 構造骨組・部材の変形に起因する非構造部材・設備機器・什器に生じる障害［気密性，防水性，遮音性を阻害する状態（外装材のひび割れなど），ドアの開閉困難，移動間仕切りの移動困難，設備機器・什器の使用上の障害（誤動作，動作不能，使用不能など）］
5)	地盤の変状による骨組の傾斜，不同沈下が機能障害，感覚障害から許容される値に達する状態
	限界値：傾斜，不同沈下による建築物の機能上，感覚上の障害や敷地の歩行障害から求まる許容傾斜量・沈下量・地盤振動など

注）*1　いずれの項目も，材料特性の劣化が生じた後の状態も考慮する．
　　*2　限界値は，応答値を求める解析や計算の仮定が成立する範囲内で設定する．

　前者の例として，床のたわみに対して人が不快を感じないことを要求する場合を考えると，人の感覚のばらつきにより不快の程度が異なるために限界値は一義的には決められない．この場合には，一般的な（感覚的な）言葉で表される建築主の要求をできるだけ具体化し，既往の技術資料を参考にして設計者と建築主の間で，例えば短辺有効スパンの1/250のたわみなどという限界値の設定に合意する必要があろう．ただしこの場合，法令で定める水準を下回らないものでなければならない．

　後者の例として，地震後も補修を要さずに建築当初とほぼ同等の耐震安全性を要求する場合に，

建築主と設計者は構造骨組の応答を弾性範囲に留めるという限界状態の設定を行ったとする．この場合設計者は，弾性範囲の限界を降伏点という技術用語に置換え，降伏強度もしくは降伏変形を算定してこれを限界値とすることが考えられるが，その算定結果には算定方法が有するばらつきと，使用される材料特性のばらつきとが存在する．これらのばらつきは，技術の進歩とともに低減されていくものもあると考えられるが，限界値の設定にあたって，そのばらつきをどのように考慮していくかが重要である．これについては，本章7節の「限界値と応答値の比較評価の方法」をどのように行うかと深く関係するが，限界値の設定方法としては，

① 確率分布で設定する方法，
② 状態を表す代表値とばらつきを表す係数で設定する方法，
③ ある程度の余裕をもった代表値を設定する方法

が考えられる．

性能評価の原則は，建築物の応答値が工学的観点から限界値を上回らないことである．信頼性設計の考え方に基づき応答値が限界値を超える確率を制御することが理想であるが，限界値の設定および応答値の算定において存在する不確定要因によるばらつきの程度を把握することは容易ではない．また，一部の限界状態においては，これを的確に表す限界値の設定自体が容易ではない．したがって，現時点では限界値の設定にはある程度の余裕をもたせ，確定値として扱う方法も考えられる．

また，限界値の設定には，応答値の算定に用いられた仮定が成立しうる範囲も考慮する必要がある．例えば，地震動に対する構造骨組の安全限界状態を表す限界値よりも，応答値を算出するために用いられる構造骨組の復元力特性を設定しうる範囲の方が小さい場合には，前者を安全限界状態を表す限界値として採用するわけにはいかない．この場合には，復元力特性を設定しうる範囲で適切に限界値を設定するといった判断が必要である．

7節　限界値と応答値の比較評価の方法

> 建築物の構造性能は，基本的に，設定した限界値 L_{im} と想定した荷重および外力に対する建築物の応答値 R_{es} を比較することにより評価する．

＜解説＞　性能評価の原則を，「工学的観点から評価対象の応答値が限界値を上回らないこと」とする．ここで，「応答値」とは，荷重および外力による評価対象の応答を表す量をいい，「限界値」とは，限界状態を表す量をいう．いずれも建築物の状態を工学的に表現したものである．この工学量には，変形，加速度，エネルギーなどが考えられ，各限界状態に従って適切に選択される必要がある．

表-3.5(a)～(c)は，各評価対象ごとの要求性能を言語で表した限界状態（表-3.3）を，工学的，技術的にブレークダウンしたもので，性能評価の原則を各荷重および外力と限界状態の組合せごとに工学量で示したものである．表-3.5の(a),(b),(c)は，基本構造性能の安全性，修復性，使用性にそれぞれ対応している．

表-3.5(a)　性能評価の工学的表現：安全性

性能評価の原則：人命に危害を及ぼす可能性のある破壊等が生じないことを，力・変形・エネルギー等で確認する．

性能評価項目	荷重の種類	常時 固定，積載，浮力，負の摩擦力，土圧，水圧など	雪 (S)	風 (W)	地震 (E)	その他 温度応力など特殊な土圧，水圧など
1) 構造骨組の破壊	a) 崩壊 b) 倒壊 c) 落階 d) 転倒	$Q_r \leq Q_l$ $\delta_r \leq \delta_l$	$Q_r \leq Q_l$ $\delta_r \leq \delta_l$	$Q_r \leq Q_l$ $\delta_r \leq \delta_l$ $E_r \leq E_l$ $I_r \leq I_l$	$Q_r \leq Q_l$ $\delta_r \leq \delta_l$ $E_r \leq E_l$ $I_r \leq I_l$	$Q_r \leq Q_l$ $\delta_r \leq \delta_l$
2) 建築部材の脱落，飛散	2.1) 構造部材の脱落，飛散	$Q_r \leq Q_l$ $\delta_r \leq \delta_l$	$Q_r \leq Q_l$ $\delta_r \leq \delta_l$	$Q_r \leq Q_l$ $\delta_r \leq \delta_l$ $E_r \leq E_l$	$Q_r \leq Q_l$ $\delta_r \leq \delta_l$ $E_r \leq E_l$	$Q_r \leq Q_l$ $\delta_r \leq \delta_l$
	2.2) 内・外装材の脱落，飛散	$Q_r \leq Q_l$	$Q_r \leq Q_l$	$Q_r \leq Q_l$ $\delta_r \leq \delta_l$ $A_r \leq A_l$	$Q_r \leq Q_l$ $A_r \leq A_l$	$Q_r \leq Q_l$ or $\delta_r \leq \delta_l$
3) 設備・機器の脱落・転倒・移動		$Q_r \leq Q_l$ $\delta_r \leq \delta_l$	－	$A_r \leq A_l$ $V_r \leq V_l$ $\delta_r \leq \delta_l$	$A_r \leq A_l$ $V_r \leq V_l$ $\delta_r \leq \delta_l$	－
4) 什器の脱落・転倒・移動		$Q_r \leq Q_l$	－	$A_r \leq A_l$ （固定） $V_r \leq V_l$ （非固定）	$A_r \leq A_l$ （固定） $V_r \leq V_l$ （非固定）	－
5) 地盤の変状	5.1) 地盤の崩壊 5.2) 過大な地盤変状	$Q_r \leq Q_l$ $\delta_r \leq \delta_l$	$Q_r \leq Q_l$ $\delta_r \leq \delta_l$	$Q_r \leq Q_l$ $\delta_r \leq \delta_l$	$Q_r \leq Q_l$ $\delta_r \leq \delta_l$	$Q_r \leq Q_l$ $\delta_r \leq \delta_l$

注）1　記号は，Q：力，δ：変形，f：振動，A：加速度，V：速度，E：エネルギー，I：指標を表す．
　　2　添え字の l は限界値（基本要求性能を表す量），r は応答値（荷重または外力による評価対象の応答を表す量）を表す．
　　3　□は，評価の原則のうち評価方法や評価に関する資料が現状で存在すると思われるものを表す．

7節 限界値と応答値の比較評価の方法

表-3.5(b) 性能評価の工学的表現：修復性

性能評価の原則：経済性，技術的観点より健全性の限界点（状態）を定め，損傷が設定範囲内にあることを力・変形・エネルギー等により確認する．

性能評価項目		荷重の種類 常時 固定，積載，浮力，負の摩擦力，土圧，水圧など	雪 (S)	風 (W)	地震 (E)	その他 温度応力など特殊な土圧，水圧など
1) 構造骨組の損傷	●層の損傷 ●骨組全体の損傷	$Q_r \leq Q_l$ $\delta_r \leq \delta_l$	$Q_r \leq Q_l$ $\delta_r \leq \delta_l$	$Q_r \leq Q_l$ $\delta_r \leq \delta_l$ $E_r \leq E_l$ $I_r \leq I_l$	$Q_r \leq Q_l$ $\delta_r \leq \delta_l$ $E_r \leq E_l$ $I_r \leq I_l$	$Q_r \leq Q_l$ $\delta_r \leq \delta_l$
2) 建築部材の損傷	2.1) 構造部材の損傷	$Q_r \leq Q_l$ $\delta_r \leq \delta_l$	$Q_r \leq Q_l$ $\delta_r \leq \delta_l$	$Q_r \leq Q_l$ $\delta_r \leq \delta_l$ $E_r \leq E_l$ $I_r \leq I_l$	$Q_r \leq Q_l$ $\delta_r \leq \delta_l$ $E_r \leq E_l$ $I_r \leq I_l$	$Q_r \leq Q_l$ $\delta_r \leq \delta_l$
	2.2) 内・外装材の脱落，飛散	$Q_r \leq Q_l$	$Q_r \leq Q_l$	$\delta_r \leq \delta_l$ $A_r \leq A_l$	$\delta_r \leq \delta_l$ $A_r \leq A_l$	$Q_r \leq Q_l$ or $\delta_r \leq \delta_l$
3) 設備・機器の損傷		$Q_r \leq Q_l$ $\delta_r \leq \delta_l$	—	$A_r \leq A_l$ $V_r \leq V_l$ $\delta_r \leq \delta_l$	$A_r \leq A_l$ $V_r \leq V_l$ $\delta_r \leq \delta_l$	
4) 什器の損傷		$Q_r \leq Q_l$		$A_r \leq A_l$（固定） $V_r \leq V_l$（非固定）	$A_r \leq A_l$（固定） $V_r \leq V_l$（非固定）	—
5) 地盤の損傷	5.1) 支持能力の低下 5.2) 地盤変状	$Q_r \leq Q_l$ $\delta_r \leq \delta_l$	$Q_r \leq Q_l$ $\delta_r \leq \delta_l$	$Q_r \leq Q_l$ $\delta_r \leq \delta_l$	$Q_r \leq Q_l$ $\delta_r \leq \delta_l$	$Q_r \leq Q_l$ $\delta_r \leq \delta_l$

注）1　記号は，Q：力，δ：変形，f：振動，A：加速度，V：速度，E：エネルギー，I：指標を表す．
　　2　添え字の l は限界値（基本要求性能を表す量），r は応答値（荷重または外力による評価対象の応答を表す量）を表す．
　　3　□は，評価の原則のうち評価方法や評価に関する資料が現状で存在すると思われるものを表す．

表-3.5(c) 性能評価の工学的表現：使用性

性能評価の原則：日常の使用に支障を来すような，「変形」，「振動」が生じないことを，力・変形・振動・速度等で確認する．

性能評価項目			荷重の種類 常時 固定，積載，浮力，負の摩擦力，土圧，水圧など	雪 (S)	風 (W)	地震 (E)	その他 温度応力など特殊な土圧，水圧など
1) 構造骨組の有害な変形・振動	a) 変形		$\delta_r \leq \delta_l$	$\delta_r \leq \delta_l$	$\delta_r \leq \delta_l$	$\delta_r \leq \delta_l$	$\delta_r \leq \delta_l$
	b) 振動		$f_r \leq f_l$	$f_r \leq f_l$	$f_r \leq f_l$	$f_r \leq f_l$	$f_r \leq f_l$
2) 建築部材の有害な変形・振動	2.1) 構造部材の	a) 変形，ひびわれ，床のたわみ	$\delta_r \leq \delta_l$ $Q_r \leq Q_l$	$\delta_r \leq \delta_l$ $Q_r \leq Q_l$	$\delta_r \leq \delta_l$ $Q_r \leq Q_l$	$\delta_r \leq \delta_l$ $Q_r \leq Q_l$	$\delta_r \leq \delta_l$ $Q_r \leq Q_l$
		b) 床の振動	$f_r \leq f_l$	$f_r \leq f_l$	$f_r \leq f_l$	$f_r \leq f_l$	$f_r \leq f_l$
	2.2) 内・外装材の有害な変形・振動		$Q_r \leq Q_l$	$Q_r \leq Q_l$	$\delta_r \leq \delta_l$ $A_r \leq A_l$	$\delta_r \leq \delta_l$ $A_r \leq A_l$	$Q_r \leq Q_l$ or $\delta_r \leq \delta_l$
3) 設備・機器の有害な変形・振動			$Q_r \leq Q_l$ $\delta_r \leq \delta_l$	—	$A_r \leq A_l$ $V_r \leq V_l$ $\delta_r \leq \delta_l$	$A_r \leq A_l$ $V_r \leq V_l$ $\delta_r \leq \delta_l$	—
4) 地盤の有害な変形	4.1) 支持能力の低下 4.2) 有害な地盤変状		$Q_r \leq Q_l$ $\delta_r \leq \delta_l$	$Q_r \leq Q_l$ $\delta_r \leq \delta_l$	$Q_r \leq Q_l$ $\delta_r \leq \delta_l$	$Q_r \leq Q_l$ $\delta_r \leq \delta_l$	$Q_r \leq Q_l$ $\delta_r \leq \delta_l$

注）1　記号は，Q：力，δ：変形，f：振動，A：加速度，V：速度を表す．
　　2　添え字の l は限界値（基本要求性能を表す量），r は応答値（荷重または外力による評価対象の応答を表す量）を表す．
　　3　□は，評価の原則のうち評価方法や評価に関する資料が現状で存在すると思われるものを表す．

各表は，横軸を荷重の種類，縦軸を各性能評価項目の限界状態を代表する言葉（表-3.3の各性能評価項目の上部の太字の言葉）とする行列（マトリクス）形式で表現している．表-3.5(a)～(c)の各マス目には，各荷重および外力に対して，限界状態が確保されると評価（確認）できる判断基準を，各種の工学量の大小関係として与えている．ここに，添え字にlがついたものは限界値を，rがついたものは応答値を表している．この表では，力や応力，変形，エネルギー，加速度，速度などの工学量および指標が例として取上げられ，それぞれ等号付きの不等式で性能評価の原則を示している．各マス目にはいくつかの判断式があるが，これは，限界状態に応じていずれかの適切な判断式により評価するという意味である．

　例として，表-3.5(a)の安全性について，1）構造骨組の破壊と地震（E）のマス目をみてみる．ここには，構造骨組が地震により人命に直接危害を与えるような破壊を生じない状態を確保するための判断基準が4つ示されている．その中で，$\delta_r \leq \delta_l$を例として考えてみる．δ_rは設計上考える地震入力に対する設計された骨組の応答変形であり，δ_lは人命に直接危害を与えるような構造骨組の破壊が生じないと考えられる限界の変形（層間変形など）である．よって，$\delta_r \leq \delta_l$は応答の変形が限界値以下であればここで考えるような構造骨組の破壊は生じないので，この関係を確認することを限界状態に対する性能評価の原則としている．

　表-3.5(a)～(c)の中で等号付きの不等式を□で囲ったものは，それらを具体的に評価する方法（計算等で）や，資料が現時点で一応何とか存在するとみられるものを示している．表-3.5(b)の修復性に関しては□のついたものが少ないことがわかるが，これは，これまでにこのような観点からの検討がほとんどなされてこなかったためと考えられる．今後の検討課題である．

(1) 限界値と応答値の比較評価の方法

　いまのところ，限界値L_{im}と応答値R_{es}の比較評価には，大きく下記の2つの方法がある．1つは，ばらつき，精度を確率的に考え，

$$1 - \mathrm{Prob}(R_{es} \leq L_{im}) \leq \mathrm{Ptarget} \tag{3.14}$$

　　　　ここで，Ptarget：目標確率（probability target）

を満足する確率をある設定した確率以上とすることで評価するものである．

　もう1つは，荷重および外力のばらつき，解析精度や材料強度等のばらつき，および限界値の推定精度等を考慮し，それらを反映させた係数を用いて，

$$f(act) \cdot f(ana) \cdot R_{es\text{-}m} \leq f(lim) \cdot L_{im\text{-}m} \tag{3.15}$$

ここで，$f(act)$　：荷重の推定精度による係数
　　　　$f(ana)$　：応答値の推定精度による係数
　　　　$f(lim)$　：限界値の推定精度による係数
　　　　$R_{es\text{-}m}$　：R_{es}の代表値
　　　　$L_{im\text{-}m}$　：L_{im}の代表値

により評価するものである．

　いずれにしても，荷重および外力のばらつき，材料特性のばらつき，限界値の推定におけるばらつきを考慮して，限界状態が，工学的観点から満足されるようにすべきである．なお，この「工学的観点から満足する」を表すものが式（3.14）の目標確率Ptargetであり，式（3.15）の各係数である．これらの評価方法は，技術の進歩とともに改善されていくものと思われるが，現時点では，目標確率や各係数の設定が容易ではない場合も多いため，これらの式の考え方を念頭におきながら

工学的判断を行う方法も考えられる．応答予測における不確定性等に起因する応答値のばらつきや，設定された構造性能の水準（要求性能）を満足する度合を示すことも性能評価には含まれる．

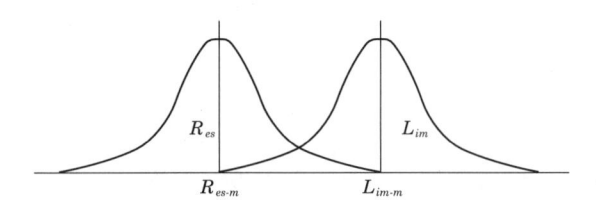

図-3.5 限界値と応答値

8節 性能の表示

> 建築物の構造性能は，各性能評価項目ごとに評価のための設定条件と結果を用いて表示する．

＜解説＞ 性能の表示とは，性能評価の原則に基づき評価された建築物の性能を性能評価項目ごとに示すことをいい，構造性能評価を行うために必要な各設定条件と性能評価の結果を用いて構造性能評価書に示すことを基本とする．

構造性能評価書の例を**表-3.6**(a)〜(c)に示す．ここでは，基本構造性能，評価対象，限界状態，設計における目標性能（性能の水準），荷重および外力の種類，荷重および外力の大きさおよびその大きさの設定の原則，性能評価の原則，性能評価のクライテリア，設定限界値の意味，および性能評価の結果が示され，最後に，これらをまとめて建築物の構造性能が表示されている．

なお，表-3.6(a)〜(c)は建築士程度の技術者を想定した性能表示の例であるが，これをさらに噛みくだいて，一般の人々が理解できるような性能の表示を行う必要がある．

8節　性能の表示

表-3.6(a)　構造性能評価書（例1：構造骨組の安全性）

〈基本事項〉

A. 基本構造性能	安全性	B. 評価対象	構造骨組

C. 限界状態	人命に直接危害を及ぼすような，構造骨組の破壊が生じない．

〈性能の水準〉

D. 水準	例）E，F の荷重または外力により，人命に直接危害を及ぼすおそれのある次のような状態が発生する可能性を十分小さくする． 　　1）鉛直支持部材の鉛直支持能力の喪失 　　2）建築物の水平抵抗能力の喪失

〈荷重または外力〉

E. 荷重または外力の種類	例）地震荷重
F. 荷重または外力の大きさ	例）想定しうる地震力のうち当該建築物に最大級の影響を及ぼす大きさの地震（とその余震）：震度7 例）○○を震源とする海洋型の地震で，再現期間が△△年の地動

〈性能評価〉

G. 性能評価の原則	応答値が限界値を適切な余裕度をもって上回らない
H. 性能評価のクライテリア	例1）推定応答値が設定限界値を上回る確率が○○年で△△％以下 例2）推定上限応答値が設定下限限界値を越えない 例3）設定平均限界値の推定平均応答値に対する比が○○以下
I. 設定限界値の意味	例）履歴エネルギー吸収能が破壊点の○○％の点
J. 性能評価の結果（例）	

評価用状態値の種類		設定限界値（代表値）	推定応答値（代表値）
層間変形角	1階	○○○ (rad)	△△△ (rad)
	2階	○○○ (rad)	△△△ (rad)
	・・・	・・・	・・・
	6階	○○○ (rad)	△△△ (rad)

基本要求性能を満足する程度	例1）推定応答値が設定限界値を上回る確率は○○年で△△％ 例2）推定上限応答値が設定下限限界値を越えない

〈性能の表示〉

K. 本建築物が保有する構造性能	E，F の荷重または外力に対し，本建築物は人命に直接危害を及ぼす構造骨組の破壊は（工学的観点から）生じない．

第3章　構造性能評価指針案

表-3.6(b)　構造性能評価書（例2：構造骨組の修復性）

〈基本事項〉

A. 基本構造性能	修復性	B. 評価対象	構造骨組

C. 限界状態	構造骨組の損傷が，設定範囲内にある．

〈性能の水準〉

D. 水準	例）E, Fの荷重または外力による構造骨組の損傷が，次の状態を上回る可能性が十分に小さくする． 　　1）各階の損傷が被災度判定で中破と判定される状態

〈荷重または外力〉

E. 荷重または外力の種類	例）地震荷重
F. 荷重または外力の大きさ	例）想定しうる地震力のうち当該建築物に最大級の影響を及ぼす大きさの地震（とその余震）：震度7 例）○○を震源とする海洋型の地震で，再現期間が△△年の地震動

〈性能評価〉

G. 性能評価の原則	応答値が限界値を適切な余裕度をもって上回らない
H. 性能評価のクライテリア	例1）推定応答値が設定限界値を上回る確率が○○年で△△％以下 例2）推定上限応答値が設定下限界値を越えない 例3）設定平均限界値の推定平均応答値に対する比が○○以下
I. 設定限界値の意味	例）各層の被災度レベルが中破に収まる点

J. 性能評価の結果（例）

評価用状態値の種類	設定限界値（代表値）	推定応答値（代表値）
層間変形角　1階	○○○ (rad)（中破）	△△△ (rad)（中破）
2階	○○○ (rad)（中破）	△△△ (rad)（小破）
…	…	…
6階	○○○ (rad)（中破）	△△△ (rad)（無被害）

基本要求性能を満足する程度	例1）推定応答値が設定限界値を上回る確率は○○年で△△％ 例2）推定上限応答値が設定下限界値を越えない

〈性能の表示〉

K. 本建築物が保有する構造性能	E, Fの荷重または外力に対し，本建築物の構造骨組の損傷は，（工学的観点から）設定範囲内（中破以内）に収まる．

表-3.6(c) 構造性能評価書（例3：構造部材の使用性）

〈基本事項〉

A. 基本構造性能	使用性	B. 評価対象	建築部材（構造部材）

C. 限界状態	日常の使用に支障をきたすような変形，振動を生じない．

〈性能の水準〉

D. 水準	例）E, F の荷重または外力により，日常の使用に支障をきたすおそれのある次のような状態が発生する可能性を十分に小さくする． 　1）床の有害な振動 　2）床の有害なたわみ 　3）構造部材の有害なひび割れ

〈荷重または外力〉

E. 荷重または外力の種類	例）常時荷重（固定荷重，積載荷重，積雪荷重）
F. 荷重または外力の大きさ	例）日常的に作用すると考えられる大きさ 例）超過確率が〇〇年で△△％の大きさで，××による

〈性能評価〉

G. 性能評価の原則	応答値が限界値を適切な余裕度をもって上回らない
H. 性能評価のクライテリア	例1）推定応答値が設定限界値を上回る確率が〇〇年で△△％以下 例2）推定上限応答値が設定下限界値を越えない 例3）設定平均限界値の推定平均応答値に対する比が〇〇 以下
I. 設定限界値の意味	例）床の振動，たわみが不快を感じない程度 　　ひび割れ幅が，耐久性上問題とならない程度
J. 性能評価の結果（例）	

評価用状態値の種類	設定限界値（代表値）	推定応答（代表値）
床の振動	振動評価曲線の〇	振動評価曲線の〇と△の間 （図-××参照）
床のたわみ	短辺スパンの1/250	短辺スパンの1/300 （〇〇階の△△床）
ひび割れ幅（屋内） 　　　　　　（屋外）	0.3 (mm) 0.2 (mm)	0.25 (mm) 0.15 (mm)

〈性能の表示〉

K. 本建築物が保有する構造性能	E, F の荷重または外力に対し，本建築物は日常の使用に支する構造性能障を及ぼす構造部材の変形・振動は（工学的観点から）生じない．

第4章

性能指向型設計法のための社会機構の方向性

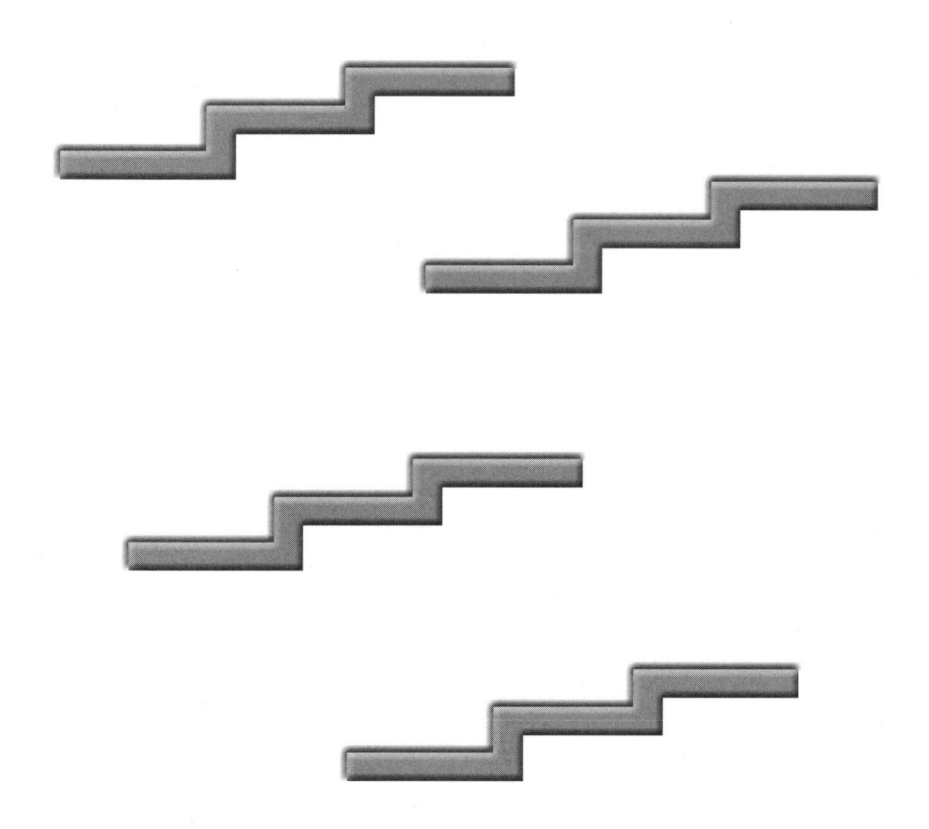

1節　は　じ　め　に

　性能を基盤とした新しい建築構造設計体系が，そのメリットを発揮するためには，実際の建築物の設計を行う際に，性能指向型の設計法が採用されるようになければならない．そのためには，技術的な研究開発を促進するだけでは不十分であり，それをサポートするための様々な社会的な仕組の整備が必要である．

　そのような問題意識から，建設省総合技術開発プロジェクト「新建築構造体系の開発」の総合委員会のもとに「社会機構分科会」が設置された．同分科会では，建築構造についての性能指向型の「設計実務」が，顧客（建築主）のニーズに対応するとともに，現実に実行可能なものとなるための条件を明らかにし，そのために必要な「社会機構」についての研究を行った．ここでいう「社会機構」とは，社会的仕組（制度），ルール，情報システムなどからなる一連のシステムのことである．

　研究としては，まず，性能指向型の「設計実務」の具体的な内容を明らかにするために，その業務プロセスの「モデル化」と「タイプ分類」を行った．次に，その「設計実務」に対応した「社会機構」が果すべき機能や役割を抽出・整理したうえで，それを実現するための7つの具体的な「機能別システム」をとりまとめた．さらに，現状の「設計実務」および「社会機構」の分析を行い，その結果をふまえて，「社会機構」の整備の方向と今後の課題を明らかにした．以下で，それらの概要を紹介する．

第4章　性能指向型設計法のための社会機構の方向性

2節　性能指向型「設計実務」のモデル化

　まず，性能指向型「設計実務」というものの内容を明確化するため，実際には複雑な行為である設計のプロセスについて，以下のとおり，モデル化を行った．

2.1　設計関連情報の3つのフェーズ(相)

　「設計」という行為は，図面などの設計図書を作成することと定義される場合があるが，重要なのは，例えば，「最大級の直下型地震がきても，倒壊しないものにしたい」「ピアノを置いても床が傾かないようにしたい」というような様々な顧客のニーズを，最終的な設計図書の中で実現することである．その意味で，「設計」とは，情報の変換を行うこと，つまり，顧客の抱いている建築物に対する「ニーズ」などのいろいろな情報を，その他の様々な要素を考慮しながら，最終的な建築物の「設計図書」という情報にまとめあげることとしてとらえることができる．
　性能指向型「設計実務」について，その考え方を適用し，設計に関連する「情報」の次の3つの「フェーズ(相)」の間の「変換」を行うための行為・プロセスとしてモデル化することとした．構造性能に関する情報は，それぞれの情報の一部として【　】書きのような形で位置づけられ，相互に関連づけ（変換）される（図-4.1参照）．ここで，設計に要求される条件を，「プロジェクト与条件」と「設計条件」の2段階に分けて考えている．それは，顧客のニーズなどの「プロジェクト与条件」というのは，様々な観点から出されるものであり，実現が難しかったり，相互に矛盾したりするものを含んでいることから，それを，相互に調整し，実現可能な「設計条件」としてまとめあげるのが，きわめて重要なプロセスだからである．

```
       情報1「プロジェクト与条件」
      （顧客のニーズ・期待，その他の与条件）
         【構造性能に関する「要求」】

変換 ↓

       情報2「設計条件」
      （各種計画についての基本方針，
       目標，コスト・工期条件等）
        【構造性能に関する
         「設計条件(目標性能)」】

変換 ↓

       情報3「設計解(設計図書)」
         （設計の成果物）
       【構造性能に関する「設計解」】
```

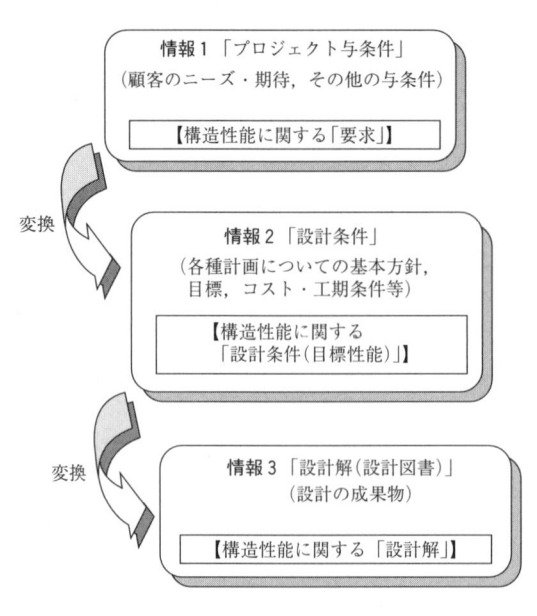

図-4.1　設計行為のモデル化

① 「プロジェクト与条件」（顧客のニーズ・期待，その他の与条件）【構造性能に関する「要求」】
② 「設計条件」（各種計画についての基本方針，目標，コスト・工期条件など）【構造性能に関する「設計条件（目標性能）」】
③ 「設計解（設計図書）」（設計の成果物）【構造性能に関する「設計解」】

2.2 性能指向型「設計実務」のプロセスの内容

上述の「情報の変換」として行う性能指向型「設計実務」は，より具体的には，以下のプロセスから構成されるものととらえることができる（これらは，通常の場合，単純な一連の作業ではなく，必要に応じフィードバックを繰返しながら実行される）．

① 顧客と構造設計実務者との間で十分に話し合いを行い，顧客の構造性能に関する「要求（ニーズ・期待）」を明確化する（プロジェクト与条件の一部を構成）．
② 構造設計実務者が，プロジェクト与条件に基づき，構造性能に関する「設計条件」（「目標性能」とそれに対応した「構造計画」および「性能検証」に関する基本方針）を設定する．
③ 設定された「設計条件」について，顧客の了解を得る．
④ 設計条件に基づく構造計画の立案（「設計解（設計図書）」の案の作成）と，その案が設計条件である「目標性能」に適合していることについての「性能検証」を行う（必要に応じて繰返す）．
⑤ 最終的な（設計の成果物としての）「設計解（設計図書）」を作成する．
⑥ 「設計解（設計図書）」が実現しうる構造性能（検証された「目標性能」）を顧客に対して説明（提示・表示）する．
⑦ 「設計解（設計図書）」の内容を，製造・工事のプロセスに向けて伝達する（施工法，品質管理条件，監理条件などの情報を含む）．

3節 性能指向型「設計実務」のタイプ分類

　性能指向型「設計実務」といっても，高度な解析手法を駆使した，いわゆる「性能指向型設計」を行う場合もあれば，既往の規準類などを利用して設計を行うケースもあり，実際の設計の進め方は様々である．そこで，性能指向型「設計実務」について，上記の「変換」プロセスをどのような"形態"でまたどのような"判断根拠"に準拠して行うかによって，**表-4.1**の3つのタイプに分類することとした（実際の実務は，これらの中間型や複合型となる）．

表-4.1　性能指向型設計実務の3つのタイプ

名称	タイプA：「高度目的指向型」	タイプB：「規定検証適用型」	タイプC：「仕様書型規準依存型」
形態および判断根拠	任意の「目標性能項目」を設定；任意の「性能検証」手法の選択または開発・適用と，前例などに依存しない独自の技法による「構造計画」	「目標性能項目」はあらかじめ用意（メニュー化）されたものから選択；あらかじめ用意された「性能検証」手法の選択・採用と，その検証手法の適用可能な範囲内での「構造計画」	仕様書的な「構造方法」のメニューから最も「与条件」の内容・項目を満足するとみなされるものを選択；改めて他のタイプのような「構造計画」や「性能検証」は行われず，実務のプロセスは単純化される．
備考	狭い意味では，このタイプのことのみを「性能指向型」という場合もある．	現在行われている「許容応力度法」や「保有水平耐力計算」は，ほぼこれに相当すると考えられる．	現在行われている，木造住宅の「壁量計算」による方法や，いわゆる「システム設計」と呼ばれるものが，ほぼこれに相当すると考えられる．

　これらのうち，どれを選択するかは，基本的に任意であり，様々な状況を勘案してプロジェクトごとに最も適切なものが採用されることとなると考えられる．一般には，タイプA（高度目的指向型）のみが性能指向型設計と呼ばれる場合が多いが，本研究では，目標性能との対応が明確となっていれば，タイプCの「仕様書型規準依存型」であっても，性能指向型設計として位置づけるという立場をとっている．「社会機構」は，いずれのタイプにも対応可能な形で整備されることが望ましいといえる．

4節　新たな「社会機構」に期待される機能・役割

　続いて，性能指向型「設計実務」を遂行するために「社会機構」が果すべき役割の明確化を行った．新たな「社会機構」の果すべき基本的機能は，それが提供される主たる対象（顧客側か，構造設計実務者側か），および「設計実務」のプロセスとの対応を勘案し，以下のとおり整理することができる（**図-4.2**参照）．

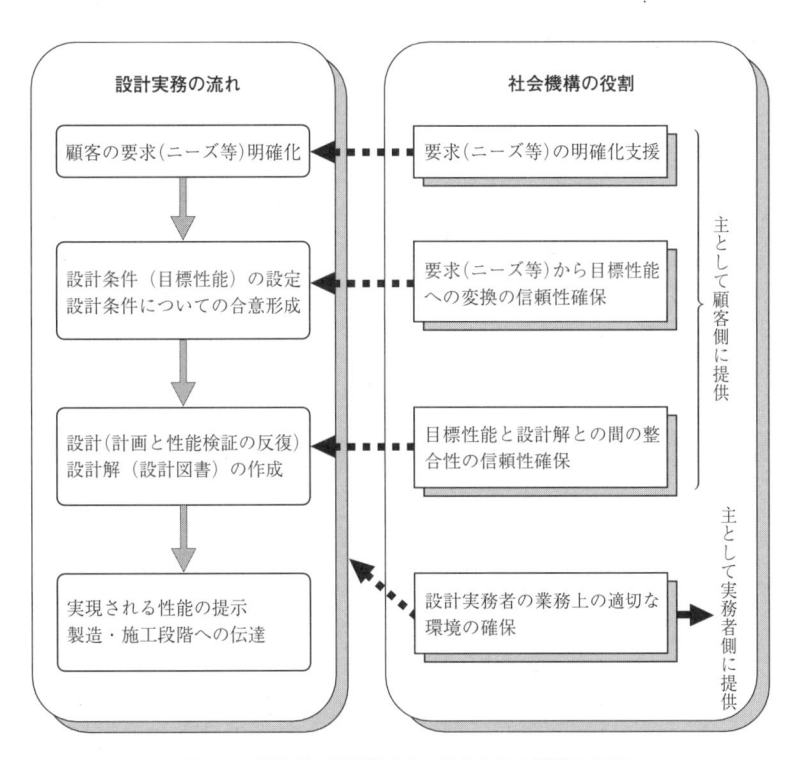

図-4.2　性能指向型設計実務の流れと社会機構の役割

(1)　**各プロセスに応じ，主として，顧客側に提供される基本的機能など**
　①　構造性能に関する「要求（ニーズ・期待）」の明確化を支援する：専門的な知識をもたない顧客が，構造性能に関する「要求（ニーズ・期待）」を明確化しようとする際に，それを補助すること．具体的には，例えば，性能とそれによって得られる効用・価値との関係についての情報をわかりやすく提供するための仕組を用意することなどがある．
　②　「要求（ニーズ・期待）」から「目標性能」への変換の信頼性を提供する：顧客の構造性能に関する「要求（ニーズ・期待）」や，その他の様々な与条件は，実現すべき「目標性能」に適切に置換えられ，「設計条件」として確立される．顧客は，目標性能や設計条件を承認する前に，この変換のプロセスが適切に行われたことを確認する必要があるが，その適切性の判断を補助したり，その根拠となる情報を提供すること．例えば，ISO9000シリーズのようなプロセス管理の仕組や，第三者による評価サービスなどがある．

③　「目標性能」と「設計解（設計図書）」との間の整合性の信頼性を提供する：続いて，「目標性能」を満足するよう設計が行われ，その成果物である「設計解（設計図書）」について，その「保有性能」が「目標性能」を満足するかどうかの「検証」が行われる．この変換プロセスについて，②と同様に，顧客による適切性の判断を補助したり，その根拠となる情報を提供すること．

(2) **各プロセス全体を通じて，主として，構造設計実務者側に提供される基本的機能など**

④　構造設計実務者の業務上の適切な環境を提供する：構造設計実務者が性能指向型「設計実務」を遂行するためには，性能指向型実務に伴う責任を明確化することや，実務の遂行に必要な知識や能力の習得の機会が与えられること，実務が経済的に成立するための条件が整うことなどが必要である．それらを可能とするため，様々な仕組や情報を提供すること．例としては，適切な業務標準や契約約款，業務上の責任をカバーする保険制度などがある．

5節　新たな「社会機構」を構成する機能別システム例

上述の,「社会機構」に期待される4つの基本的機能・役割を満足するような,具体的な「社会機構」のシステム要素としてどのようなものが必要であるかについて検討し,以下の7つの具体的な「機能別システム」として整理・設定した(内容については,**表-4.2**参照).

① 構造設計関係業務の品質保証・情報管理の仕組
② 技術参照情報・知識ベースと技術ツール
③ 構造設計実務関連の第三者サービスの仕組
④ 構造設計実務者などの実務遂行能力の関連情報化と習得システム
⑤ 関連業務標準,契約約款ガイドなどの仕組
⑥ 性能表示関連制度
⑦ 関連保険システム

表-4.2　新たな社会機構を構成する機能別システム例

記号	名称	内容	個別システムの例
①	構造設計関係業務の品質保証・情報管理の仕組	設計実務の各プロセスの成果物が「信頼」に足るものであることの根拠を提供するとともに,各過程の関連「情報」を明確化し,相互間の調整などを可能とする方法論や補助ツール	ISO9000シリーズ的な業務プロセス管理手法,各プロセスの関連情報のチェックシート,データベース化された関連情報の統合管理システムなど
②	技術参照情報・知識ベースと技術ツール	各主要プロセスの遂行や機能別システムの運営に対して,技術的または業務上の参考,判断根拠,実行のためのツールなどとして使われる参照情報ベース,知識ベースの体系	法令などの基準(社会的要求に関する情報),地震と被害の関係についてのデータ(構造性能の効用についての情報),各種の推奨規準類など
③	構造設計実務関連の第三者サービスの仕組	主として①の業務品質保証に関連した構造設計実務の信頼性保証チェック,および主として②に関連した各種の技術参照情報などの適切性評価などを行う第三者サービスの仕組	実務者グループによるピア・レビューのシステム,技術評価などのサービス業務を行う第三者機関など
④	構造設計実務者などの実務遂行能力の関連情報化と習得システム	○顧客の参考になるとともに,①の業務品質保証に関連する実務者・組織の技術的能力,責任負担能力に関する情報の提供の仕組 ○実務者の技術的能力の習得・更新などを支援する仕組	前者の例:実務者の資格,実務経験内容,能力の格付けなどを内容とするデータベースなど 後者の例:各種教育・研修システムなど
⑤	関連業務標準,契約約款ガイドなどの仕組	構造設計実務者,顧客その他の関係者間の役割・責任関係を明確化するための仕組(①の業務品質保証などの運営ルールともなる)	契約約款や仕様書の作成ガイド,モデル,書式標準など
⑥	性能表示関連制度	性能型設計実務の結果を根拠として,建築物の構造性能の内容と水準についての情報を提示するための制度	顧客が社会に対して行う性能表示制度,設計者が顧客に対して行う性能証明・保証制度など
⑦	関連保険システム	実務者の責任負担能力を支援する保険,⑥に基づく構造性能の水準とリンクした資産保険スキーム,性能保証保険スキームなどの体系	専門家損害賠償保険制度,性能により料率が設定される地震保険制度など

第4章 性能指向型設計法のための社会機構の方向性

　これらの機能別システムは，相互に関連しながら，実際の設計実務のそれぞれのプロセスにおいて利用される．また，その利用のされ方は，個々のプロジェクトごとに異なるが，その基本的パターンは，性能指向型の設計実務のタイプによって異なると考えられる．参考のため，設計実務タイプAの場合を例にとって，それぞれの機能システムが実務プロセスに具体的にどのように対応するかの基本パターンを，**図-4.3**および**図-4.4**に示す．

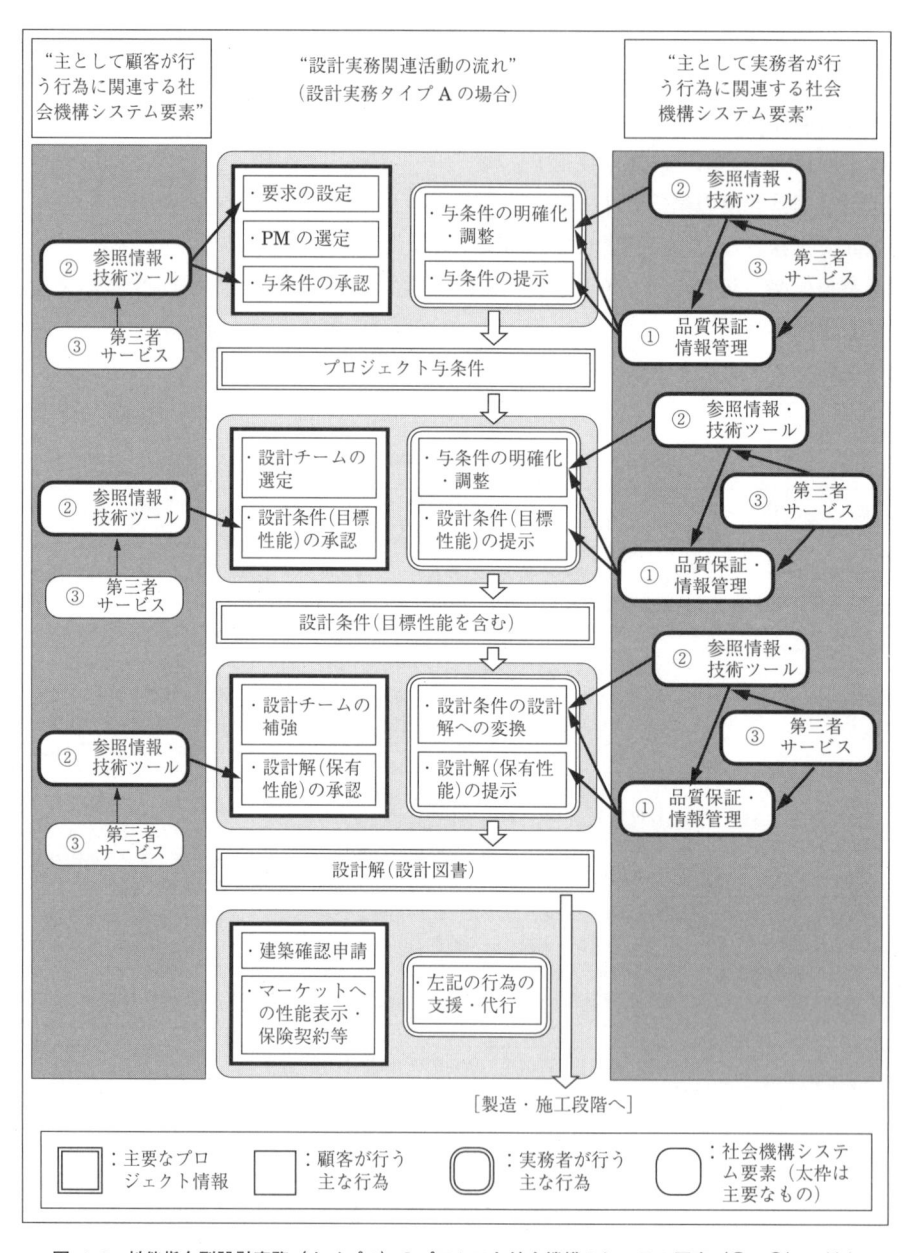

図-4.3　性能指向型設計実務（タイプA）のプロセスと社会機構のシステム要素（①〜③）の対応

5節　新たな「社会機構」を構成する機能別システム例

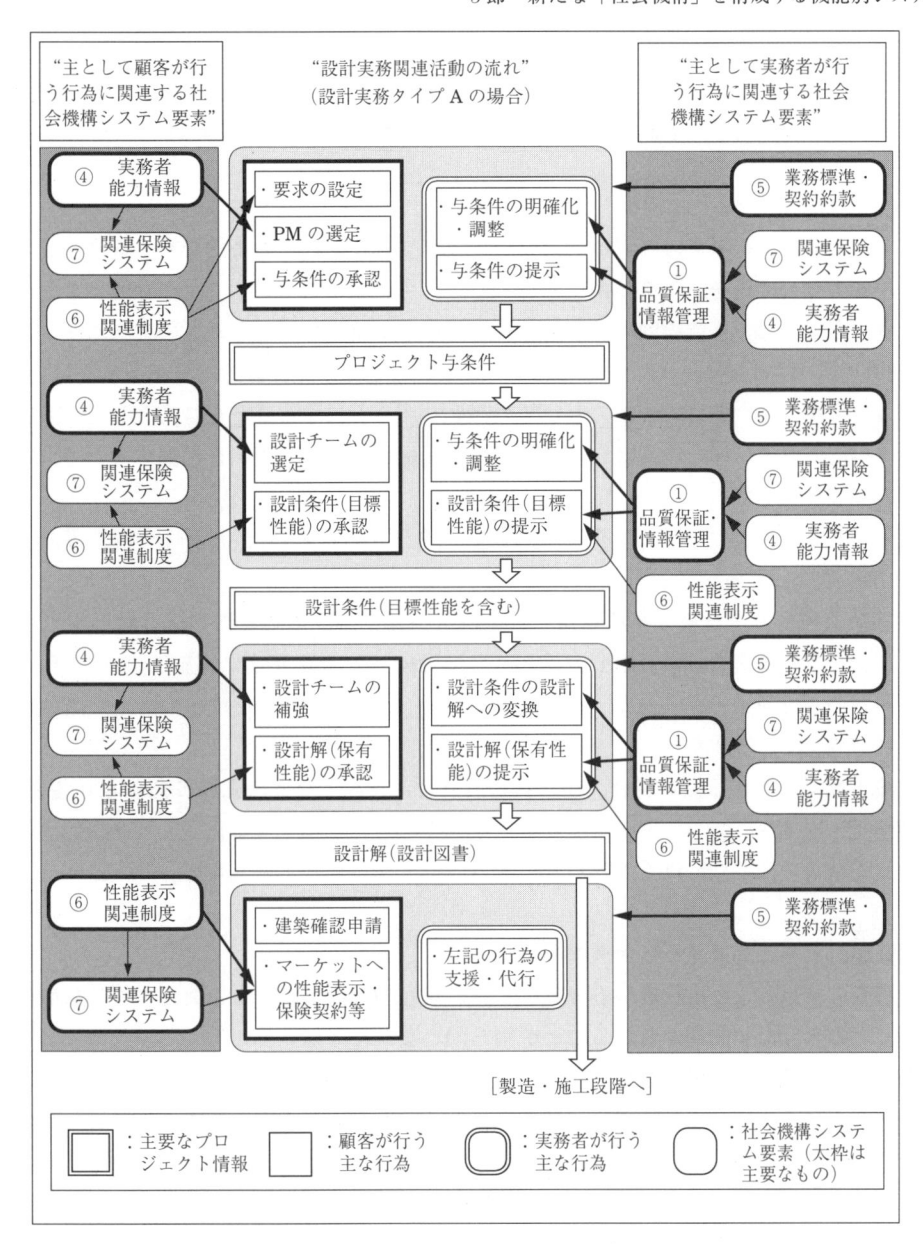

図-4.4　性能指向型設計実務（タイプA）のプロセスと社会機構のシステム要素（④〜⑦）の対応

第4章　性能指向型設計法のための社会機構の方向性

6節　「設計実務」や「社会機構」の現状

　これまで，社会機構の将来のビジョンについて述べてきたが，そのような社会機構を実現するためには，現在の社会機構を新たな体系にふさわしいものに転換していくことが必要となる．現在の社会機構は，主として非性能指向型の設計体系に対応して整備されてきたものであるが，これまでにも性能指向型の設計が行われた事例もあり，必ずしも全体が非性能指向型であるとはいえない．本研究では，今後の社会機構の転換にむけての課題を明らかにすることを目的として，設計実務や社会機構の現況，および構造技術者をはじめとする関係者の意識の現状を把握するため，以下のような一連の調査を行っている．

① 近年竣工した建築プロジェクト事例の調査（全国から選定した68物件の構造設計者を対象に，1996年度に実施）
② 建築構造技術者を対象とする意識・経験調査（建築確認申請物件の構造設計担当者818名および㈳日本建築構造技術者協会会員393名を対象に，1997年度に実施）
③ 行政担当者を対象とする意識調査（全国から選定した83特定行政庁の構造担当職員を対象に，1997年度に実施）
④ 建築主を対象とする意識調査（建築物の所有者，管理者などの立場にある496名を対象に，1997年度に実施）

これらの調査結果の概要は，以下のとおりである．

(1) **構造設計実務と関連する社会機構の実態**
　上記の調査の結果および既往資料の分析により，現在の設計実務および関連する社会機構の実態について，次のような傾向がみられることが明らかとなった．
　1）顧客から，構造設計者に対し，構造性能に関する要求が提示されることは少ない．
　　②の調査によれば，これまでに法による最低基準を上回る高度な性能を目標として設計を行った経験を有する者は全体の80%を上回っているが，建築主からの要請により目標設定を行うケースは1/3程度であり，設計者の自主的判断で行う場合が非常に多い．これは，建築主には性能指向型設計に対するニーズが浸透しておらず，また，構造設計者と建築主との間で構造性能に関するコミュニケーションが十分に行われていないという現状を示したものと考えられる．
　2）法令の最低基準以外の目標性能を設定し構造設計を行う場合，その目標達成の確認は，技術規準により行うか，または特に確認は行わない場合が多数を占めている．
　　同じ②の調査によれば，設定された目標性能が達成されたことを確認しない場合が全体の37%を占めている．確認を行う場合の手段としては，技術規準による場合が最も多く，その他の特別な方法（外部の機関による評価など）はあまり採用されていない．これは，目標性能が達成されていることを適切な方法で検証するという行為が実務の一部として行われることがまれであるという現状を示していると考えられる．
　3）構造設計業務は，複数の組織・担当者が関与している場合が多く，役割分担の形態は，きわ

めて多様化している．構造設計業務の関係者間の責任分担も同様に不明確である場合が多い．
　　①の調査で，委託元・自社・協力事務所という関係主体別，さらには担当者別に設計業務の役割分担の状況を調べたところ，複数の主体や担当者が関与する場合が多く，その形態はきわめて多様化していることが明らかとなった．このような実態にもかかわらず，設計図書の作成などにおける責任の所在が明確化されていないケースがあるなどの問題が指摘されている．
4）一般的な建築物の場合，利用する技術規準類は標準的なものに限定される傾向にある．また，評定済みの一貫計算プログラムの利用率が非常に高い．
　　①の調査によれば，(財)日本建築センターの評定物件を除く一般的な建築物の場合，法令等の標準的な技術規準類のみを利用して設計する場合が多数を占めている．また，設計に電算プログラムを利用する割合は 90% に達しているが，(財)日本建築センターの評定を受けた一貫計算プログラムの利用率は 3/4 に達している．これらの結果から，現在の設計実務が，多くの場合，一定の標準的な設計手法によって行われていることがわかる．
5）構造に関する工事監理については，構造設計者が実施しない場合が多い，内容や責任の範囲が明確でないなどの問題が指摘されている．
　　①の調査において，構造設計者が工事監理を実施しなかったり，工事監理契約が行われないなどの事例がみられた．また，③の調査において，多くの特定行政庁担当者から，特に工事監理の実態についての問題が指摘されている．

(2) 構造設計実務者など関係者の意識

関係者の性能指向型「設計実務」についての認識や，将来のそれへの移行に関する意識については，次のような傾向がみられることが明らかとなった．
1）建築構造技術者の認知度には，地域，所属団体などによる格差が大きい．
　　②の調査の結果から，性能指向型の設計についての認知度は，業態別では総合建設会社において，組織規模別では大規模組織において，地域別では首都圏において，それぞれその他の回答者と比べかなり高いことが明らかとなった．したがって，全体的には性能指向型設計の考え方はそれほど浸透していないと考えられる．
2）「性能指向型設計」に必要な技術資料として，「利用が容易な技術規準類」をあげる建築構造技術者が多い．
　　②の調査において，性能指向型設計に必要な技術資料としては，自由度の高い資料類よりも，自由度は限定されていても利用が容易なものを求める回答が多数を占めた．これによって，性能指向型設計においても，仕様書型の規準類を求めるニーズが高いことが明らかとなった．
3）性能指向型の設計体系の普及のため必要な条件については，構造技術者の属性により回答にバラツキがみられる．
　　②の調査において，将来性能指向型の設計体系が広く採用されるための条件としては，性能指向型設計実務を支援する技術資料，関連制度などの整備に対するニーズが高かった．一方，構造技術者の地位向上や責任明確化，性能指向型設計の社会浸透・一般化などの必要性については，技術者の属性によりバラツキがみられた．この結果は，現時点における回答者の性能指向型の設計体系に対する認知度の違いを反映したものと考えられる．
4）建築主の建築構造に対する関心と期待はきわめて高く，性能指向型の構造設計へのニーズも高い．

第4章　性能指向型設計法のための社会機構の方向性

　　④の調査は，建築主など顧客の立場である企業の担当職員を対象としたものであるが，顧客側の建築構造に対する関心と期待がきわめて高いこと，性能指向型の構造設計へのニーズが高いことなどの結果が得られた．

5）特定行政庁担当者は，構造設計者の地位や工事監理の位置づけなどについて強い問題意識を有している．

　　③の調査結果から，特定行政庁担当者は，構造設計者の地位が低く責任が不明確であること，工事監理の位置づけが不明確であることなどについて，強い問題意識を有していることが明らかとなった．

7節 「社会機構」の整備の方向と今後の課題

上述の社会機構の現状や関係者の意識調査の結果をふまえ，性能指向型「設計実務」に必要な社会機構整備のための主要課題を整理すると，次のとおりである．

(1) 顧客の理解の促進

性能指向型の設計体系の普及には，まず，建築主などの顧客が，性能指向型の設計を採用したいという意思をもつことが出発点となる．これまで，建築主が自ら目標性能を設定することはまれであるが，幸い，顧客側のそのような問題に対する関心は決して低くないので，専門家による普及・啓蒙の努力などを通じて，より一層顧客の理解を促進するように努めることが必要であろう．また，併せて，一般の消費者などが，性能が明示された建築物を選択するための動機を与えることにつながるような，性能表示制度の確立や，性能と経済的メリットを連動させるための仕組の整備などを行うことも必要である．

(2) 性能指向型にふさわしい設計実務慣行への転換

現在の構造設計や工事監理の実務の慣行は，従来型の設計体系に合せて確立されたものであり，責任の所在の不明確さなどの課題が指摘されている．新たな体系下で実務を行うためには，実務の信頼性を保証するためのプロセス管理，責任の明確化，情報の適切な管理などが可能となる，全く新たな実務慣行の確立が必要である．このようなことは，業務や資格制度等の国際化の流れからも要求されるようになりつつある．

(3) 設計実務支援のための情報システムなどの整備

技術基準類などについては，従来は比較的標準的なものが汎用される傾向にあったが，新たな体系においては，はるかに多様な技術情報が必要となる．したがって，その作成，評価，提供，メンテナンスなどを円滑に行うための仕組を整備することは不可欠である．

(4) 建築構造技術者の意識・能力の向上

新たな体系の担い手である建築構造技術者が，必要な知識・技能を習得する必要があることはいうまでもないが，そのためには，個人の努力だけでなく，それを支援するためのシステムが必要である．また，その能力などが適切に評価される仕組や，保険などによる責任負担能力を確保するための仕組も確立される必要がある．

(5) 保険システムの整備

より高度な構造性能を保有することによる経済的メリットを顕在化させ，性能指向型の設計体系を普及させるためには，建築物の構造性能とリンクした地震保険等の確立が強く望まれるところである．そのためには，保険業界と構造技術との連携を深め，現実的な制度の構築に向けての努力が必要であろう．また，上でもふれたとおり，構造技術者などの責任負担能力の補強のため保険シス

テムの整備も，新たな体系下での実務環境を整えるという意味で，不可欠である．

(6) 法令や公的機関の役割

　将来においては，市場の中で，性能指向型の設計体系が選択されることが理想的であるが，それに至るまでの間においては，規制，誘導等の法令や各種施策システムの中で性能指向型の設計体系が採用され，普及の牽引役となることが期待される．これは，規制緩和，新技術導入の容易化，国際調和等の社会的要請に応えるためにも，推進することが必要である．また，上記の諸課題の解決や，残された研究課題についての研究の推進を含め，適切な役割分担に基づく実務者組織，国，地方公共団体などの積極的な取組が必要であることは論を待たない．

今後の課題

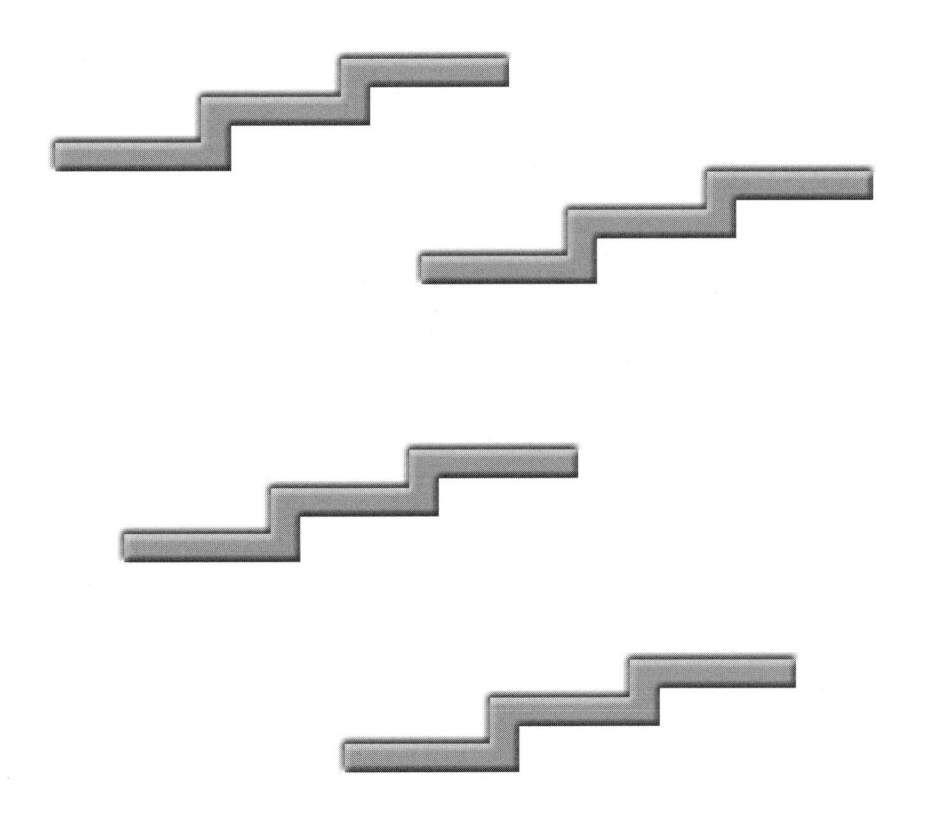

性能指向型の建築構造設計の実施に際しては，それに伴う問題点や解決しなければならない課題がある．それらを以下に整理する．

(1) **目標性能とその水準の設定において**

目標性能とその水準の設定とは，「社会的要求と私的要求を適切に把握し，それらを適切に設計の目標性能と水準に置き換える」という行為である．

性能指向型の建築構造設計法の採用により，建築構造に要求される性能の詳細について建築主と議論し合意に至るためには，構造設計者が建築構造の性能を説明する任にあたらなければならない．そのためには，構造設計者は，構造設計に必要な力学的知識に加え，建築主に建築構造の性能やそれにより得られる効用等について説明し理解を得る能力，建築主と合意された性能を適切に設計の目標性能とその水準に置換える能力が求められる．また，この時，構造以外の設計との連携や調整を行う必要が生じる．さらに建築主と目標性能について合意を形成するためには，設計者は性能とコストの関係についても適切に示すことが必要になる．

また社会的要求を具体化するためには，国や自治体が行う規制や誘導措置等が，性能を基盤とした形で示されることが必要である．社会的要求のうち，地震防災に関する項目については，国の防災基本計画，あるいは地域防災計画のなかでも位置づけておくことが必要である．

(2) **目標性能とその水準を達成するための構造の計画において**

構造の計画においては，選択の自由度が高まり，構造設計者が創造的な業務を行うことが期待される．しかし，そのためには構造方法，構造設計法などの選択肢が豊かになり，また，適切な判断が行える構造設計者が増える必要がある．これまで蓄積された基礎研究成果，あるいは開発されてきた新技術に基づき，これらの選択肢をできるだけ増やすと同時に，これらを駆使できる構造設計者の育成に努めなければならない．

(3) **性能評価において**

性能評価については，「目標性能とその水準を達成する手段を拘束せず，合理的な性能表示につながるように明示的である」ことが必要であり，そのための基本的な枠組が提示された．しかし，具体的な性能評価手法については，より完成度の高い手法が，今後の技術の進歩に応じて整備されていくことが課題である．それによって，性能指向型の建築構造設計法が完成されてくるものと考えられる．

(4) **性能表示において**

その建築物の性能に関する情報は，建築の専門家でない所有者や使用者が理解できる表現で表示されなければならない．これは設計者あるいはその組織においても工夫する必要があるが，それとともに性能表示に関する制度の充実も必要である．さらに，社会が，性能表示することの意義を認めるようになることも期待される．

(5) **社会機構において**

一般の建築主等の構造性能に関する認識の向上，設計や検証の信頼性の確保のための仕組の整備，設計者等の責任の明確化とその負担能力の確保のための仕組の整備，設計実務を支援するための情

今 後 の 課 題

報システム等の整備，設計者等の意識や能力の向上等，数多くの課題が残されている．本書では，それらに関し，新たな社会機構のビジョンと方向性を提示したが，今後は，それを構成する各要素について，より具体的な検討と，それを実現するプログラムの提示・実行が必要である．

なお本書では，設計の問題に限定して記述してきたが，完成した建物の使用状況もふまえた性能指向型の設計体系に発展させていくためには，施工技術と施工時の品質管理方法，および完成した建物の維持管理等を含めた性能評価技術の研究開発が必要である．

最後に，性能指向型の建築構造設計を行う際には，構造設計者の能力と設計の報酬の問題があることを指摘したい．構造設計者には性能指向型の建築構造設計に速やかに対応するために研鑽が求められると同時に，性能指向型の建築構造設計の導入により設計の手間が増え，設計のコストが増加することも予想される．性能指向型の建築構造設計が広く普及するためには，その設計によって得られる効用等が，それに要するコスト等の負担の増加と同等か，それを上回ることが必要で，その結果が適切に理解されるようにならなければならない．

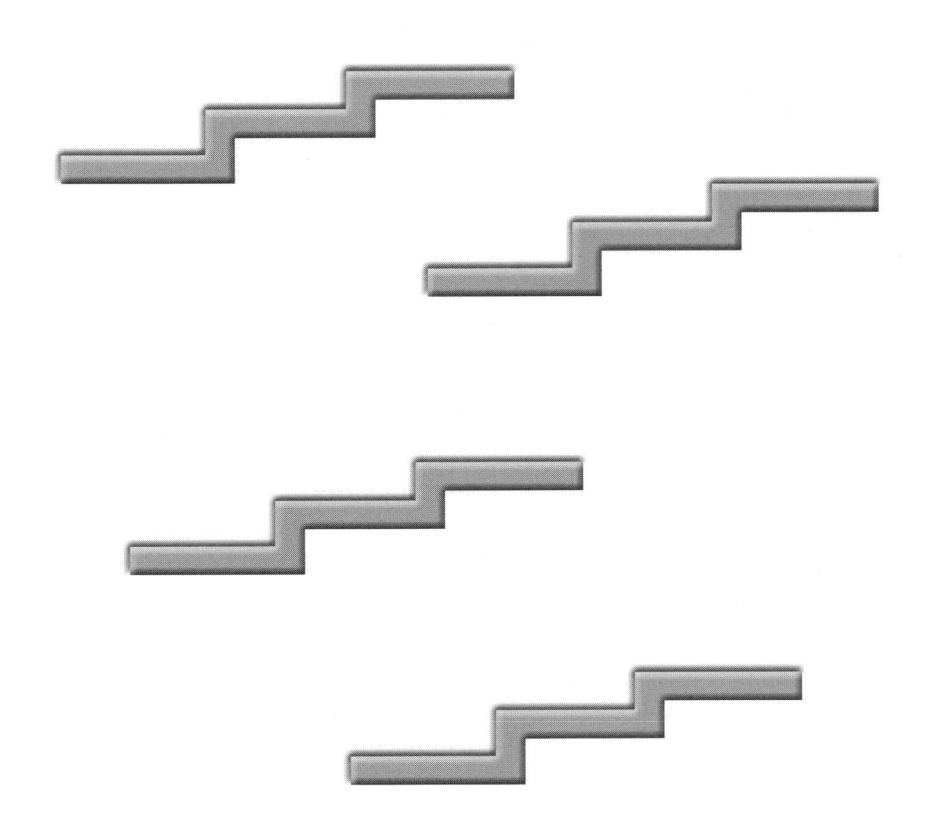

付　　　録

(新構造総プロの経緯等)

付-1　新構造総プロの経緯

付-1.1　新構造総プロの発足までの経緯

　新構造総プロが立案されたのは平成4年頃であり，当初は5ヶ年計画で，構造に係わる性能全般について，市場原理，コストパフォーマンスという概念が成立するような，性能を基盤とした構造技術の体系を開発しようというものであった．実際に開始されたのは平成7年であるが，先行して行われていた，防火・耐火性能評価に関する総プロ（平成5～9年）と研究の終了年度を合せるべく，また内外の社会情勢を鑑みた行政的判断により，平成9年度を終了年度とする3ヶ年計画で実施されることとなった．防火・耐火と構造の両プロジェクトの成果が得られた後，これらの研究の成果に基づき性能規定を基にした法令の改正基準を検討することが考えられていた．

　平成7年4月からの開始に先立ち，平成6年末から準備会を開催したが，平成7年1月17日に兵庫県南部地震が発生した．この地震被害は，性能を中心とした構造設計法の開発の必要性をさらに増大させるものであると考えられた．また，性能指向型の新しい設計体系の開発にあたっては，社会的要請も多く技術的にも最も豊富な内容が要求されると思われる地震に対する性能を中心として検討を始め，その後，他の性能についても検討を行うこととした．

付-1.2　建築基準法令改正に向けての動き

　一方，新構造総プロの目的および成果の活用に深い係わりを有する建築基準法令の性能規定化についての動向は以下のようであった．

　建設省の建築行政当局は，半世紀近く前に制定された建築基準法令の枠組を見直し，21世紀に向けて性能を基本とした建築規制に転換することなどを目指し，平成7年11月8日に建築審議会に対して，「二十一世紀を展望し，経済社会の変化に対応した新たな建築行政の在り方について」の諮問を行った．その後，橋本内閣が成立した直後の平成8年2月の日米首脳会談において橋本総理はクリントン大統領に対して，日米貿易摩擦の緩和，非関税障壁の除去などのために住宅分野の規制緩和を行い，建築基準を性能規定化することを約束した．

　また同年3月26日に政府は，「住宅建設コスト低減のための緊急重点計画」を発表し，その中に「建築基準の性能規定化」が盛り込まれた．すなわち「建築基準については，国際基準との調和，自己責任原則の導入，民間の選択の自由の拡大および技術開発の誘発の観点から，仕様規定中心の現行制度から，原則として性能規定に改める．」とした．これを受け，建設省は平成10年の通常国会に建築基準法改正案を提出することになった．

　平成9年3月24日には，建築審議会より「二十一世紀を展望し，経済社会の変化に対応した新たな建築行政の在り方に関する答申」が出された．その中で，建築基準の単体規定および建築規制制度の枠組のあり方として，建築基準の性能規定化，性能規定化に対応した審査制度等の整備，技術開発の進展等に対応した規制項目の見直しの3項目があげられ，改めて建築基準法令の改正の必要性が示されている．また住宅を対象とする性能表示制度の必要性についても示された．

付　　録

付-1.3　建築基準法令改正への新構造総プロの対応

　建築基準法令の性能規定化は，当初のこの新構造総プロでも期待していたことであったが，政策決定されたスケジュールでは，新構造総プロの研究の途中に法令改正の検討が行われることになった．

　このような状況に対して，新構造総プロとしては，法令改正を視野にいれつつも，中長期的視点に立って性能指向型の建築構造設計法の枠組に関する研究を継続することとした．一方，建築研究所では，法令改正に向けての直接的な支援を行うため，所内に法令改正を支援する組織を設け，法令改正の技術基準の検討に入るとともに，新構造総プロの研究と法令改正の作業とを連携する体制を整えた．

　その後，平成10年3月，建築基準法の改正案は閣議決定されたが，この体制によって，新構造総プロで議論された性能を基盤とした体系の考え方の重要な部分を，法令改正の基本的な方針に反映させることができた．

　なお，建築基準法改正案は，同年6月に国会で可決され，公布された．この改正に伴う同法施行令の改正によって，構造関係規定に性能指向型設計の考え方を採用したルートが設けられ，平成12年6月に施行されている．一方，平成12年4月には，「住宅の品質確保の促進等に関する法律」が施行され，同様の考え方を採用した「住宅性能表示制度」がスタートしている．

付-1.4　国際ワークショップの開催

　建築構造の設計の考え方について，国際調和の重要性が指摘されることが多い中で，新構造総プロでは，性能指向型の設計体系について国内での研究を行うだけでなく，国外への情報発信と情報交流が必要と考えた．そこで，「性能指向型建築構造設計における環太平洋諸国間の国際調和に関する国際ワークショップ（International Workshop on Harmonization of Performance Based Building Structural Design in Countries surrounding the Pacific Ocean）」を平成9年12月に開催し，新構造総プロの成果を国際的に発表した．

　ここでは，環太平洋地域の諸国間と，性能指向型設計法について情報交換を行い，性能指向型設計法のコンセプトに関する調和の可能性等について討議を行い，今後の研究の方向付けを行った．

謝　　　辞

　性能を基盤とした建築構造の体系を構築することを目的とした建設省総合技術開発プロジェクト「新建築構造体系の開発」(新構造総プロ) が，平成7年度～9年度の3年間で実施されました．

　新構造総プロでは，総合委員会で基本的な概念を整理するともに，性能評価分科会，目標水準分科会および社会機構分科会が，それぞれの課題に沿って3年間研究を行ってきましたが，その成果を報告書としてまとめました．本書は，その報告書に基づき，広く建築設計者の方々に性能指向型設計法の考え方を活用していただくために再編したものであります．

　近年，多くの建築構造の関係者が，性能指向型の設計について考え始め，研究会やシンポジウムなどでも，「性能設計」というキーワードが登場するようになりました．今回の新構造総プロもその一助となっていたのではないかと自負しているところであります．

　今後は新構造総プロの成果が活用され，成果が普及すると同時に，さらなる研究，技術開発により，残された課題も解決の方向に向かっていくことが期待されます．

　最後に，新構造総プロにご協力いただいた大学等学識者の方々，実務経験者の方々，およびその他関係各位・各団体に，厚くお礼申し上げます．

　　　　　　　　　　　　　　　　　　　　　　　　㈳建築研究振興協会
　　　　　　　　　　　　　　　　　　　　　　　　建築構造における性能指向型設計法のコンセプト編集委員会
　　　　　　　　　　　　　　　　　　　　　　　　　　　　委員長　岡　田　恒　男

大橋雄二さんを偲ぶ

　平成10年3月に，新構造総プロの成果がとりまとめられた．

　その年の12月20日，建築研究所において同総プロの推進役を果たしておられた大橋雄二氏（当時，建設省建築研究所第三研究部振動研究室長）が逝去された．昭和62年の発病以来，癌と戦いながらもますます研究を深めようとしておられた姿勢に敬服するしだいである．

　大橋氏の主な功績は，市街地建築物法および建築基準法における構造関係規定の変遷を，学術的に解き明かしたことである．その研究成果によって，東京大学より工学博士の学位を授与されておられる．さらにその研究を背景に，建築構造の体系のあるべき将来ヴィジョンを提案すべく，この新構造総プロの構想を提案され，建築研究所においてリーダーシップを発揮し，研究成果に多大の貢献をされた．

　新構造総プロ終了後も，目指す研究のために力を振り絞っておられる姿は，大橋氏を知るすべての者に感銘を与えたが，ついに志半ばでその生涯を閉じられた．その最後の言葉は「感謝」であったそうだ．今，大橋氏を知る多くの方々が，その人柄を偲んでいる．

建築構造における性能指向型設計法のコンセプト編集委員会
委員長　岡田恒男

建築構造における性能指向型設計法のコンセプト		定価はカバーに表示してあります.
2000年8月10日　1版1刷発行		ISBN 4-7655-2445-0 C3052
	監　修	建設省大臣官房技術調査室
	編　者	社団法人　建築研究振興協会
	発行者	長　　祥　　隆
	発行所	技報堂出版株式会社

日本書籍出版協会会員
自然科学書協会会員
工学書協会会員
土木・建築書協会会員
Printed in Japan

〒102-0075　東京都千代田区三番町8-7
　　　　　　（第 25 興 和 ビ ル）
電　話　営　業（03）(5215)3165
　　　　編　集（03）(5215)3161
　　　　ＦＡＸ（03）(5215)3233
振替口座　00140-4-10

©Japan Association for Building Research Promotion, 2000
落丁・乱丁はお取り替え致します.　　　装幀　芳賀正晴　印刷　技報堂　製本　鈴木製本

Ⓡ〈日本複写権センター委託出版物・特別扱い〉
本書の無断複写は，著作権法上での例外を除き，禁じられています．
本書は，日本複写権センターの特別委託出版物です．本書を複写される場合，
そのつど日本複写権センター(03-3401-2382)を通して当社の許諾を得てください．

●小社刊行図書のご案内●

鉄筋コンクリート造建築物の**性能評価ガイドライン**	建設省大臣官房技術調査室監修	B5・312頁
建築用語辞典（第二版）	編集委員会編	A5・1258頁
鋼構造用語辞典	日本鋼構造協会編	B5・250頁
コンクリート便覧（第二版）	日本コンクリート工学協会編	B5・970頁
鋼構造技術総覧［建築編］	日本鋼構造協会編	B5・720頁
建築材料ハンドブック	岸谷孝一編	A5・630頁
エネルギーの釣合に基づく**建築物の耐震設計**	秋山宏著	A5・230頁
構造物の免震・防振・制振	武田寿一編	A5・246頁
鉄骨の構造設計（第二版）	藤本盛久編著	A5・720頁
わかりやすい**鉄骨の構造設計**（第二版）	鋼材倶楽部編	A5・382頁
鋼構造設計演習（第三版）	鋼材倶楽部編	B5・284頁
よくわかる**有限要素構造解析入門**─BASICによるプログラムFD付き	T.Y.Yang著／当麻庄司ほか訳	A5・400頁
Visual Basicソフトによる**梁の構造解析**─単純梁・片持ち梁編	加村隆志著	A5・70頁（CD-ROM付き）
「**建築**」**風工学**	川村純夫著	A5・108頁
空間デザインと構造フォルム	H.Engel著／日本建築構造技術者協会訳	B5・294頁
工学系のための**常微分方程式**	秋山成興著	A5・204頁
工学系のための**偏微分方程式**	秋山成興著	A5・222頁

●はなしシリーズ

数値解析のはなし─これだけは知っておきたい	脇田英治著	B6・200頁
コンクリートのはなしⅠ・Ⅱ	藤原忠司ほか編著	B6・各230頁

技報堂出版　TEL編集03(5215)3161 営業03(5215)3165　FAX03(5215)3233

YM182029 and AM6898D

2) First Total Synthesis of (±)-AM6898A and (±)-AM6898D[2])

S_N2'様反応、シアノヒドリンの反応を経て合成

p-Anisyl alcohol 【Birch還元】 → 【アセタール化】 → 【Claisen転位】 → **1**: α-Me, **1'**: β-Me mixture **B**: (1/1' = 8/92) 【エピ化】

2: α-Me, **2'**: β-Me mixture **C**: (2/2' = 88/12) 【ヒドリド還元、酸化】

→ **D** 【付加反応】

E: higher Rf 8.1% (3 steps)
F: lower Rf 6.8% (3 steps) **F** = (±)-AM6898D 【加水分解】

D 【S$_N$2反応】 → → 35% (3 steps) 【加水分解】

LDA / THF / HMPA, −78 to 0 °C, 0.5 h, 76%
G : **H** = 10 : 90

G *epi*-AM6898A
H (±)-AM6898A

References
1) T. Ogura, Ph. D. Thesis, Graduate School of Science and Engineering Waseda University (2005)
2) Y. Fukuda and Y. Okamoto, *Tetrahedron*, **58**, 2513-2521 (2002)

References
1) K. Tatsuta, H. Mukai and M. Takahashi, *J. Antibiot.*, **53**, 430-435 (2000)
2) H. Paulsen and F. R. Heiker, *Liebigs Ann. Chem.*, 2180-2203 (1981)
3) R. R. Schmidt and A. Koehn, *Angew. Chem. Int. Ed. Engl.*, **26**, 482-483 (1987)
4) F. Nicotra, L. Panza, F. Ronchetti and G. Russo, *Gazz. Chim. Ital.*, **119**, 577-579 (1989)
5) T. K. Park and S. J. Danishefsky, *Tetrahedron Lett.*, **35**, 2667-2670 (1994)
6) M. Yoshikawa, B. C. Cha, Y. Okaichi, Y. Takinami, Y. Yokokawa and I. Kitagawa, *Chem. Pharm. Bull.*, **36**, 4236-4239 (1988)
7) H. Fukase and S. Horii, *J. Org. Chem.*, **57**, 3651-3658 (1992)
8) S. Ogawa, Y. Shibata, T. Nose and T. Suami, *Bull. Chem. Soc. Jpn.*, **58**, 3387-3388 (1985)
9) S. Knapp, A. B. J. Naughton and T. G. M. Dhar, *Tetrahedron Lett.*, **33**, 1025-1028 (1992)
10) B. M. Trost, L. S. Chupak and T. Luebbers, *J. Am. Chem. Soc.*, **120**, 1732-1740 (1998)
11) T. K. M. Shing and L. H. Wan, *J. Org. Chem.*, **61**, 8468-8479 (1996)
12) T. K. M. Shing, T. Y. Li and S. H.-L. Kok, *J. Org. Chem.*, **64**, 1941-1946 (1999)
13) S. H.-L. Kok, C. C. Lee and T. K. M. Shing, *J. Org. Chem.*, **66**, 7184-7190 (2001)
14) S. Ogawa, Y. Iwsawa, T. Nose, T. Suami, S. Ohba, M. Ito and Y. Saito, *J. Chem. Soc., Perkin Trans. 1*, 903-906 (1985)
15) M. Yoshikawa, N. Murakami, Y. Yokokawa and Y. Inoue, *Tetrahedron*, **50**, 9619-9628 (1994)
16) T. K. M. Shing and V. W.-F. Tai, *J. Org. Chem.*, **60**, 5332-5334 (1995)
17) Y.-K. Chang, B.-Y. Lee, D. J. Kim, G. S. Lee, H. B. Jeon and K. S. Kim, *J. Org. Chem.*, **70**, 3299-3302 (2005)

Xanthocillin X Dimethylether

1) The First Stereoselective Total Synthesis of Antiviral Antibiotic, Xanthocillin X Dimethylether, and Its Stereoisomer[1]

トリブチルスズビニルアミドの立体選択的な酸化的転位およびPd触媒下のホモカップリングを経て天然物および異性体を立体選択的に全合成

Reference

1) K. Tatsuta and T. Yamaguchi, *Tetrahedron Lett.*, **46**, 5017-5020 (2005)

YM182029 and AM6898D

1) Total Synthesis of YM182029 and AM6898D[1]

高井反応、Claisen転位を鍵反応として天然物を全合成、相対構造決定

あとがき

　単語だけ覚えても文章は書けない．文章の中で単語をどのように活かし，どのように使うかが大切である．そのためには，優れた文章を読み返し単語の意味と使い方を覚えるのが最善の策である．

　有機合成化学も反応だけを理解しても化合物の合成はできない．すばらしい反応も使われてこそ意味を持つ．点では意味がない，線となり，面や立体となって初めて意味を持つ．したがって，実用的，実践的な合成を念頭において有機合成化学を学び理解することが大切である．

　そこで，合成法や戦略はもちろんのこと，多くの研究者の個性と哲学を学んでいただけると期待して本書をまとめたわけだが，実際に本書の作成中，同一の天然物の全合成に，こんなに多くの方法論があったのかと驚き感激した次第である．

　「まえがき」にも書いたように，同じ風景を描いても，画家により絵画にそれぞれの個性が如実に現れるのと同じである．これらを徹底的に学ぶことにより，自然に有機合成化学が身に付くと確信している．したがって，すべてのページに目を通して多種多様な全合成研究を楽しんでいただくと共に，多くの合成法と戦略を各自の選択肢に加えていただければと願っている．

　さらに，本書を通して有機合成化学を志す若い精鋭に，天然物合成の美しさ，ダイナミズム，そしてアートを感じ取っていただき自分自身を鼓舞していただければと思う．天然物の全合成は，合成計画・設計においては美しさが，実験においては格闘技の大胆さと厳しさが，そして結果には，また，美しさと完成度が要求される．

　それぞれの天然物の全合成はもちろんのこと，各反応についても，ぜひ参考文献から原著を検索し，さらに理解を深めていただきたい．

　最後に，本書の出版にあたり多大の助言と協力をいただいた細川誠二郎講師，小倉尚博士を始めとする竜田研究室の諸君，朝倉書店編集部ならびに妻洋子に感謝の意を表する．

　2005 年 11 月 25 日

早稲田大学理工学部
竜田　邦明

索 引（Key Reaction Index）

欧 文

Arndt-Eistert 反応　92, 117

Baeyer-Villiger 反応　58, 118, 207, 209, 211, 229, 230
Banford-Stevens 反応 (オレフィン生成)　179
Barton デオキシ化　54, 100, 103, 113
Baylis-Hillman 反応　201
Beckmann 転位　207, 215
Birch 還元　50, 52, 54, 58, 60, 65, 107, 109, 110, 116, 127, 146, 167, 185, 202, 208, 209, 236, 237, 238, 239, 241, 242, 244, 247, 248

Claisen-Michael-Dieckmann 型反応　197
Claisen 縮合　119, 177, 178, 196, 197
Claisen 縮合型反応　206
Claisen 転位　84, 122, 247, 248
Corey-Chaykovsky エポキシ化　109, 160, 208
Crutius 転位　84, 217

Dieckmann 縮合　21
Dieckmann 反応　117, 177
Dieckmann 型反応　21, 198
Diels-Alder 反応　51, 53, 57, 60, 64, 69, 72, 101, 102, 108, 113, 146, 150, 151, 152, 180, 195, 198, 234

E2 脱離　110
Evans-Tishchenko 反応　48
Evans 不斉アリル化　231
Evans 不斉アルキル化　98, 160
Evans 不斉アルドール反応　38, 46, 79, 92, 93, 96, 231

Ferrier 反応　10, 72, 73, 195, 236, 237
Fleming- 玉尾酸化　212, 218
Friedel-Crafts 反応　183, 187, 188, 196, 197
Friedel-Crafts 型反応　163
Fries 転位　152

Grignard 反応　2, 7, 17, 30, 46, 54, 58, 77, 89, 103, 115, 133, 138, 152, 153, 158, 174, 179, 185, 190, 198, 207, 209, 210, 222, 234, 237, 244

Heck 反応　139
hetero-Diels-Alder 反応　187, 188
hetero-Diels-Alder [4+2]/[3+2] 付加環化　186
Hofmann 脱離　53
Horner-Emmons 反応　6, 27, 36, 40, 43, 46, 79, 83, 85, 109, 115, 120, 152, 153, 183, 191, 206, 213, 214

Ireland-Claisen 転位　104

Johnson-Claisen 転位　120
Julia カップリング　192

Kochi 脱炭酸　55
Köenigs-Knorr 反応　220

Lindlar 還元　121, 134, 141
Luche 還元　10, 41, 56, 72, 104, 171, 234, 239

Mannich 反応　53
Mannich 型反応　176, 213
Michael 反応　35, 51, 54, 56, 59, 74, 76, 96, 103, 105, 107, 109, 110, 112, 117, 121, 131, 137, 141, 145, 150, 152, 153, 154, 155, 165, 167, 183, 189, 191, 192, 196, 198, 200, 206, 212, 214
Michael 反応＝閉環　187
Michael 反応 (立体選択的)　33, 223
Michael 型反応　83, 205, 238, 243
Michael 型環化　212
Michael-Dieckmann 反応　86, 146
Michael-Dieckmann 型反応　24, 144, 148, 150, 155, 195, 234
Michael-*retro*-Michael 反応　20
Michael- アルドール反応　130, 171, 235
McMurry カップリング　191

Nicholas 反応　217

Pauson-Khand 反応　56, 109, 192
Peterson オレフィン化　69, 167, 216
Peterson 型縮合　89
Polonovski 反応　17
Pummerer 転位　210, 216
Pummerer 型反応　214

索　引

Reformatsky 型反応　40
Reimer-Tiemann 反応　93
retro-Claisen 型反応　150
retro-Diels-Alder 反応　122, 146, 198
retro-Michael-Michael 反応　25, 144
retro-Michael 反応＝開環　187
retro-Michael 型反応　238, 243

Shapiro 反応　158
Sharpless 不斉エポキシ化　94, 135
Sharpless 不斉エポキシ化による速度論的光学分割　7
Sharpless 不斉ジヒドロキシ化　6, 47, 98
Simmons-Smith 反応　53, 54, 66, 104, 110, 113
S_N2 反応　12, 18, 19, 31, 46, 55, 70, 74, 77, 80, 94, 98, 109, 111, 112, 113, 117, 118, 121, 134, 135, 137, 142, 147, 154, 183, 184, 189, 191, 193, 196, 197, 204, 214, 215, 223, 229, 241, 242, 243, 244, 248
S_N2' 反応　4, 57, 58, 61, 62, 86, 104, 193, 236, 237, 239
Stille カップリング　22, 42, 44, 139, 145
Stille 型カップリング　49
Still 型 Horner-Emmons 反応　90, 91, 92, 95, 98, 181

Tebbe 反応　74

Wacker 酸化　52, 56, 109, 111
Weinreb アミド化　24, 38, 92
Winterfeldt 酸化　178
[2,3]-Wittig 転位　11, 74, 97
Wittig 反応　1, 4, 8, 26, 28, 33, 35, 45, 46, 54, 58, 59, 60, 68, 73, 76, 78, 87, 90, 100, 101, 102, 107, 108, 109, 110, 111, 112, 113, 116, 117, 120, 124, 137, 153, 164, 168, 179, 180, 182, 191, 195, 213, 215, 221, 222, 223, 224, 225, 231, 232, 244
Wittig-Michael 反応　25, 144, 148
Wolff-Kishner 還元　104, 190

和　文

■ ア　行

アジド化　11, 141, 147, 156, 206, 220, 235, 236, 237, 241, 243, 244
アジドニトロエステル化　17
アジリジン化　13
アセタール化　2, 12, 26, 33, 34, 35, 36, 38, 43, 45, 47, 49, 50, 60, 66, 78, 79, 81, 100, 105, 107, 113, 116, 130, 139, 144, 146, 150, 152, 165, 166, 171, 183, 185, 191, 197, 215, 222, 224, 234, 247, 248
N,O-アセチル化　141, 236, 237, 241, 242, 244
N-アセチル化　147
O-アセチル化　32, 37, 56, 110, 115, 165, 189, 220, 238, 243

アゾキシ化　143
アニオン生成　176
アミド化　144, 175, 177, 195, 209, 221, 222, 234
アミドカルボニル化　121
アミノ化　221, 242
アミノヒドロキシ化　15
アリルアルコール生成　102
アリル化　36, 52, 53, 55, 56, 84, 147, 227, 233
アリル酸化　4, 102, 105, 113, 120, 141, 164, 165, 178, 200
π-アリル鉄形成　120
アリル付加　76
N-アルキル化　23
アルドール反応　47, 48, 49, 56, 63, 78, 79, 81, 92, 107, 119, 143, 149, 158, 165, 166, 167, 180, 189, 200, 203, 204, 205, 206, 207, 217, 218, 228, 230, 234
アルドール型反応　125, 208
アルドール縮合　21, 33, 60, 196, 198, 224, 228
アルドール型縮合　197
異性化　25, 84, 192, 229
イソプロピリデン化　2, 11, 33, 35, 50, 77, 126, 127, 128, 129, 131, 137, 139, 152, 174, 180, 182, 203, 223, 225, 235
一酸化炭素挿入　111, 120, 151, 154
イミニウム生成　25, 177
イミン還元　186
イミン生成　141, 157
インドール生成　20

エステル化　1, 2, 3, 21, 27, 29, 30, 33, 51, 55, 56, 57, 88, 122, 130, 131, 134, 158, 169, 170, 185, 189, 197, 198, 202, 223, 231, 247
エステル化 (Kim 法)　216
エステル化 (Keck 法)　35, 174, 226
エステル化（山口法）　7, 36, 39, 47, 233
エステル交換　32, 80
エーテル化　8
エナミン生成　124
エノールアセテート　55
エノールエーテル化　9, 10, 11, 13, 15
エノール化　63, 105, 107, 190, 204
エノール加水分解　195
エピ化　11, 25, 53, 72, 73, 97, 102, 132, 137, 144, 148, 149, 150, 151, 152, 179, 200, 202, 210, 211, 217, 248
エポキシ化　4, 8, 11, 37, 38, 45, 50, 51, 52, 53, 55, 58, 60, 61, 62, 63, 64, 65, 68, 69, 70, 71, 72, 73, 74, 75, 76, 77, 89, 97, 100, 102, 104, 132, 136, 137, 139, 158, 159, 161, 162, 166, 179, 182, 194, 216, 237, 239, 240, 241
エポキシ開環　36, 52, 53, 55, 60, 63, 89

索　引

塩素化　20, 26, 55, 116, 118, 121, 155, 157, 163, 171, 173, 183, 189, 196, 239
エン反応　38, 53, 59, 79, 109, 152, 215

オキシ水銀化　55, 216
オキシム化　9, 10, 68, 133, 145, 195, 215
オゾン酸化　9, 10, 51, 55, 58, 71, 79, 107, 108, 110, 115, 118, 130, 137, 161, 162, 174, 189, 190, 208, 209, 212, 214, 215, 231
オレフィン生成　9, 10, 26, 41, 42, 44, 50, 51, 52, 53, 54, 57, 59, 61, 65, 66, 70, 72, 75, 83, 84, 100, 104, 105, 106, 110, 111, 112, 119, 130, 131, 132, 133, 135, 137, 142, 143, 148, 153, 155, 158, 159, 166, 174, 184, 187, 193, 195, 199, 201, 203, 207, 212, 214, 229, 234, 236, 237, 238, 239, 240, 241, 242
オレフィン生成 (Barton 法)　59
オレフィン生成 (β-脱離)　1, 56, 61, 63, 130, 141, 194, 210, 214, 224
オレフィンの異性化　4, 54, 55

■ カ 行
開環　130, 196
加水分解　2, 23, 32, 34, 41, 55, 72, 83, 136, 148, 149, 150, 151, 152, 153, 157, 174, 181, 201, 202, 203, 205, 207, 222, 224, 229, 234, 248
活性エステル化　120, 208, 221, 227
カルバメート化　9, 11, 12, 45, 90, 91, 92, 94, 120, 135, 240, 241
カルベン環化　112, 119, 204
カルボアシル化　211
カルボキシ化　157, 171, 187
カルボナート化　135, 148
環化　8, 15, 25, 44, 105, 110, 118, 119, 123, 151, 153, 171, 173, 199, 203, 210, 237
環化 (アミノ水銀化)　12
環拡大　104
還元　3, 8, 11, 17, 28, 40, 53, 54, 59, 64, 68, 72, 96, 103, 106, 108, 117, 119, 123, 131, 133, 145, 147, 149, 156, 157, 163, 165, 166, 168, 174, 181, 185, 186, 191, 195, 196, 198, 203, 206, 220, 223, 231, 235, 237, 239, 241, 242, 243, 244
還元的開裂　66, 75, 113

ギ酸還元 (辻 hydrogenolysis)　134
キノン生成 (酸化)　90, 91, 92, 95, 99, 141, 145, 148, 149, 150, 151, 152, 153, 180, 181, 184
キノンメチド生成　187
共役付加　43, 119, 124
金属-金属交換　162
金属-ハロゲン交換　162, 179

グリコシル化　13, 14, 15, 18, 28, 31, 32, 34, 77, 82, 87, 88, 126, 127, 128, 129, 145, 156, 159, 224, 226
グリコシル化 (向山法)　45
クロスカップリング　5, 123, 160, 162, 163, 192
クロスメタセシス　43

結晶化　126
ケトンの異性化　194

5員環形成　189
光学分割　6, 11, 12, 27, 60, 63, 74, 138, 157, 167
骨格転位　10, 50, 64, 100, 107, 108, 113, 116, 185, 202

■ サ 行
三枝反応　54, 58, 59, 60, 62, 65, 102
酸塩化物化　5, 30
酸化　10, 27, 53, 108, 118, 130, 131, 132, 141, 144, 171, 183, 184, 192, 199, 206, 213, 214, 224
　DMSO 酸化　2, 8, 28, 29, 36, 37, 38, 40, 43, 46, 47, 68, 69, 71, 73, 79, 83, 87, 88, 89, 109, 118, 124, 130, 132, 133, 139, 142, 161, 171, 174, 179, 182, 189, 190, 191, 195, 204, 222, 231, 234, 239, 248
　DDQ 酸化　47, 86
　DMP 酸化　26, 47, 89, 134, 139
　Fetizon 酸化　59, 97, 202, 227
　IBX 酸化　40, 199, 234
　MnO_2 酸化　41, 102, 138, 141, 181, 190, 226, 230, 231, 232
　TPAP 酸化　38, 49, 112, 137, 138, 189, 191, 192
　カルボン酸への酸化　1, 2, 7, 28, 29, 33, 35, 36, 38, 57, 88, 102, 122, 144, 174, 202, 204, 211, 216, 223, 247
　クロム酸酸化　26, 34, 35, 36, 52, 54, 59, 61, 100, 101, 107, 108, 113, 130, 141, 144, 145, 151, 158, 162, 166, 173, 174, 187, 195, 200, 203, 205, 206, 207, 208, 224, 225, 229, 230, 231
酸化 (アゾ生成)　142
酸化 (ヒドロキシ化)　12, 141, 197
酸化的開裂　17, 26, 45, 47, 48, 57, 60, 76, 77, 78, 84, 89, 90, 91, 95, 120, 121, 122, 125, 147, 149, 152, 153, 159, 170, 179, 180, 182, 183, 185, 189, 202, 205, 207, 209, 211, 212, 213, 223, 224, 227, 232
酸化的カップリング　86, 110
酸化的転位　246
三重結合生成　48, 106, 111, 121
三重結合生成 (Corey-Fuchs 法)　182, 229

ジアステレオ混合物の分離　206
ジアゾ化　204
ジエノール生成　165
[2,3]-シグマトロピー転位　211

253

索　引

シクロプロパン化　106, 119, 167
シクロヘキシリデン化　17, 69, 132, 144
シス還元　40
ジ-O-スルホニル化　70, 137
N,O-ジスルホニル化　116, 185
ジチアン付加　45, 77, 247
ジヒドロキシ化　3, 10, 11, 13, 50, 87, 131, 132, 137, 159, 213, 242
ジブロモ体生成　89, 158
ジメチルアミノ化　9, 10, 11, 13
N-ジメチル化　195, 197
臭素化　6, 19, 20, 24, 29, 40, 65, 69, 77, 87, 98, 100, 135, 147, 157, 171, 187, 206, 214, 220, 243
シラン還元　86, 144, 145, 150, 201
シリルエノールエーテル化　26, 63, 69, 130, 152, 165, 167, 171, 209, 221, 222, 235
O-シリル化　27, 35, 45, 47, 68, 73, 83, 130, 142, 168, 171, 181, 191, 224, 227, 247
シリルホルミル化　121

水素化　148
鈴木カップリング　30, 136
スルフィニル化　118
N-スルホニル化　141
O-スルホニル化　156

セレニル化　205, 240
セレノラクトン化　104
選択的O-アセチル化　41
選択的イソプロピリデン化　126, 128
選択的開裂　14, 15, 29, 42, 75
選択的脱O-アセチル化　137
選択的O-ベンジル化　13

薗頭カップリング　20, 40, 134

■タ　行
高井反応　43, 93, 106, 237, 247
脱O-MOM化　41, 86, 134, 155, 172, 235
脱O-PMB化　73
脱O-THP化　8, 55
脱N-アシル化　197
脱O-アシル化　31, 37
脱アセタール化　1, 34, 45, 50, 57, 60, 61, 64, 66, 110, 143, 166, 182, 224
脱N,O-アセチル化　243
脱N-アセチル化　126, 127, 156, 184
脱O-アセチル化　1, 10, 23, 34, 141, 244
脱N-アリール化　211

脱O-アリル化　32
脱イソプロピリデン化　2, 35, 37, 75, 77, 78, 126, 128, 129, 136, 232
脱塩素化　196, 197
脱共役化　51, 52, 56, 65
脱シクロヘキシリデン化　132, 241
脱臭素化　77
脱シリル化　182, 191
脱O-シリル化　12, 26, 27, 28, 35, 38, 40, 45, 47, 49, 63, 68, 73, 78, 79, 81, 83, 94, 103, 130, 136, 145, 161, 168, 171, 185, 189, 190, 191, 226, 231, 233
脱O-シリルエステル化　227
脱水　146, 165, 188, 195, 246
脱水素化（酸化）　146, 234
脱N-スルホニル化　116, 141, 185
脱O-スルホン酸エステル化　137, 142
脱炭酸　19, 21, 57, 64, 92, 108, 113, 116, 118, 153, 157, 196, 197, 198, 203, 204, 205, 206, 215
脱チオアセタール化　1, 26, 33, 45, 74, 77, 78, 180, 198, 204, 206, 223, 244, 247
脱N-トシル化　11, 88
脱O-トリチル化　88, 130
脱ニトロ化　238, 243
脱ベンジリデン化　80, 89, 162, 223
脱N-ベンジルオキシカルボニル化　19, 126, 141, 175, 177
脱O-ベンジル化　1, 8, 25, 29, 31, 33, 38, 69, 74, 82, 86, 90, 145, 147, 163, 195, 226
脱O-ベンゾイル化　49
脱ホルミル化　101
脱O-メチル化　25, 28, 69, 83, 84, 85, 145, 146, 148, 149, 150, 153, 157, 171, 173, 183, 184, 187, 188, 195, 197
脱ヨウ素化　107
脱離　3, 66, 171, 178, 205, 235
脱硫　108, 110, 119, 120, 160, 165, 166, 183, 192, 216, 231

チオアセタール化　1, 9, 26, 33, 50, 74, 144, 166, 180, 182, 198, 203, 204, 223, 244
チオエステル化　210
チオエノール化　101, 212
チオカルバメート化　11
置換反応　214

辻-Trost反応　3, 11, 42, 125, 242

デオキシ化　33, 45, 57, 65, 77, 105, 106, 109, 110, 116, 117, 134, 196, 201, 203

渡環Diels-Alder反応　42, 44
渡環エン反応　61

索　引

O-トシル化　10, 50, 100
トランス還元　109, 118, 230
O-トリチル化　80, 116

■ナ 行
ニトロアルドール縮合　3, 83, 238
ニトロアルドール反応　75, 212, 238
ニトロ化　93, 98, 157, 180
ニトロン生成（酸化）　17, 142, 163

熱分解　53, 102

野依不斉水素化　190, 213

■ハ 行
光環化　60, 106, 119, 122
光酸化　11, 195, 196
光付加環化　58, 61, 103
光ラクトン化　5
ヒドリド還元　8, 9, 10, 23, 24, 26, 28, 29, 34, 35, 36, 38, 48, 50, 54, 55, 61, 62, 64, 66, 71, 72, 76, 77, 83, 84, 92, 97, 98, 100, 101, 112, 116, 118, 119, 120, 121, 123, 124, 125, 130, 131, 139, 141, 142, 148, 150, 152, 153, 155, 160, 161, 166, 179, 183, 185, 186, 187, 189, 191, 196, 197, 200, 204, 206, 215, 216, 221, 222, 224, 226, 231, 232, 238, 239, 243, 246, 248
ヒドロスズ化　5, 48, 246
ヒドロホウ素化　35, 38, 43, 46, 48, 55, 59, 61, 68, 73, 79, 89, 90, 95, 101, 120, 123, 158, 179, 182, 189, 195, 224, 231
ピナコールカップリング　200
ビニルスズ化　42, 46
ビニロガスアルドール反応　222

[2+2] 付加環化　50, 53, 100, 102, 107, 108
[2+2] 型付加環化　203, 209
[3+2] 型付加環化　63, 103
[3+2] 付加環化　3, 9, 15, 59, 60, 68, 75, 101, 106, 112, 116, 117, 133, 186, 203, 213
[4+2] 付加環化　113, 199
付加反応　135, 138, 139, 144, 147, 153, 160, 165, 171, 173, 179, 182, 189, 193, 210, 211, 225, 227, 230, 239, 248
1,4- 付加反応　103
不斉 Diels-Alder 反応　131
不斉 Michael 反応　216, 217
不斉 Pictet-Spengler 反応　178
不斉アリル化　43, 89, 90, 168
不斉アルキル化　170
不斉アルドール反応　98, 159, 160, 227
不斉エノール化　122
不斉エポキシ化　167

不斉還元　179
不斉クロチル化　43, 47, 90, 95, 158, 161
不斉チオアセタール化　207
不斉ヒドロホウ素化　159, 227
不斉ビニロガスアルドール反応　221
不斉ヨードラクトン化　193
N-フタルイミド化　87
フッ素化　45
フラグメンテーション　65, 103
フラン環開裂（臭素酸化）　7, 96
プロトン互変異性　177
O-プロピル化　151
ブロモエーテル化　195
ブロモヒドロキシ化　11, 132, 144
ブロモラクトン化　243
分子内 Diels-Alder 反応　26, 40, 107
分子内 Horner-Emmons 反応　35, 36, 39, 130, 158, 190, 226, 231, 233, 239
分子内 Michael 反応　152, 153
分子内 S$_N$2 反応　10, 24, 44, 56, 103, 105, 109, 116, 117, 122, 123, 125, 137, 185, 192, 193, 205, 209
分子内 S$_N$2' 反応　10, 13, 207, 229, 237
分子内 Stille カップリング　47
分子内アルドール縮合　51, 52, 55, 56, 57, 60, 108, 109, 111, 130, 165, 167, 171, 189, 235
分子内アルドール反応　56, 65
分子内エン反応　118
分子内グリコシル化　8
分子内ニトロアルドール反応　238
分子内光延反応　2, 3, 87, 136, 186, 218
分離　164

閉環メタセシス　7, 74, 76, 170, 244
ベンジリデン化　29, 77, 88, 158
N-ベンジルオキシカルボニル化　18, 126, 128
O-ベンジル化　1, 73, 126, 234
ベンジル酸化　221, 222

芳香環化　141, 157
芳香環還元　116, 118
芳香環導入　89, 96
芳香族化　86, 149, 151, 153, 183, 184, 195, 234
保護基除去　10, 11, 18, 20, 23, 27, 30, 37, 88, 125, 130, 140, 159, 181, 203, 204, 213, 216, 217, 220, 234, 235, 238, 240, 247
ホモエノール化　104
ホモカップリング　246
ボラン還元　68, 71, 116, 185, 205, 227
ホルミル化　83, 85, 98, 101, 144, 155, 234

索　引

■マ 行

マロン酸エステル反応　204

光延反応　5, 70, 96, 98, 118, 142, 147, 167, 172, 206, 207, 210, 211, 212, 216, 218, 235, 236, 239, 240
光延反応変法　82, 172

向山アルドール反応　3, 21, 42, 47, 69, 80, 149
向山アルドール型反応　205

O-メシル化　18, 68, 116, 185
メチルエノールエーテル化　57, 146
メチル化　52, 53, 55, 56, 59, 60, 101, 104, 106, 146, 167, 174, 179, 192, 200
N-メチル化　17, 115, 145
O-メチル化　21, 24, 90, 92, 93, 94, 95, 96, 97, 144, 145, 148, 149, 150, 153, 157, 182, 187
S-メチル化　124

モノデオキシ化　18

■ヤ 行

ヨウ素化　9, 10, 42, 69, 74, 104, 107, 117, 134, 135, 138, 139, 162, 179, 204
ヨードアルキルエーテル化　71
ヨードラクトン化　74, 110

■ラ 行

ラクタム化　88, 90, 91, 92, 94, 95, 99, 116, 119, 120, 123, 124, 174, 178, 181, 184, 185, 186, 202, 203, 207, 208, 211, 213, 217, 218
ラクタム化＝アミド化　169
ラクタム化(向山-Corey法)　216, 217
ラクトン化　4, 6, 33, 36, 42, 44, 86, 132, 136, 144, 148, 149, 165, 166, 189, 196, 227, 228, 234
ラクトン化(北法)　41
ラクトン化(正宗法)　34
ラクトン化(向山-Corey法)　224, 230
ラクトン化(向山法)　134
ラクトン化(山口法)　2, 4, 6, 49, 78, 79, 160, 161, 162
ラジカル環化　10, 66, 71, 111, 118, 124, 198, 216
ラジカル還元　6, 34, 63, 64, 144, 224, 238, 243
ラジカル反応　123

立体選択的還元　235
立体反転　26
リン酸エノールエステル化　174, 234

連続アルドール-Evans-Tishchenko反応　139
連続-不斉Heck-辻-Trost反応　66
連続ラジカル環化　61, 62, 104

著者略歴

竜田邦明（たつた くにあき）
1940年　大阪府に生まれる
1968年　慶應義塾大学大学院工学研究科
　　　　博士課程修了
1969年　慶應義塾大学工学部助手
1977年　慶應義塾大学工学部助教授
1985年　慶應義塾大学理工学部教授
1993年　早稲田大学大学院理工学研究科教授
1997年　早稲田大学理工学部応用化学科教授
2004年　早稲田大学大学院理工学研究科長
　　　　現在に至る
　　　　工学博士

天然物の全合成
― 華麗な戦略と方法 ―

定価はカバーに表示

2006年5月30日　初版第1刷

著　者　竜　田　邦　明
発行者　朝　倉　邦　造
発行所　株式会社　朝　倉　書　店
　　　　東京都新宿区新小川町6-29
　　　　郵便番号　１６２-８７０７
　　　　電　話　03(3260)0141
　　　　FAX　03(3260)0180
　　　　http://www.asakura.co.jp

〈検印省略〉

© 2006　〈無断複写・転載を禁ず〉　　壮光舎印刷・渡辺製本

ISBN 4-254-14074-6　C 3043　　Printed in Japan

G.G.ハウレイ編　前東工大 越後谷悦郎総監訳

実 用 化 学 辞 典

14029-0　C3543　　　　A 5変判　1016頁　本体29000円

基本的事項から高度な知見までを，実際面に重点をおいて解説した現場技術者・研究者むきの実用的な化学辞典。解説項目・物質名項目10000語，米国商品名2800語を収録。好評を博しているThe Condensed Chemical Dictionary(第10版)の邦訳。〔収録分野〕有機化学／無機化学／生化学／物理化学／分析化学／電気化学／化学工学／分光学／触媒化学／合成樹脂／繊維／染料／塗料／医薬／他／付録(化学用語の起源，略語・関連機関の一覧，化学工業で使用される商標つき製品の紹介)

玉井康勝監修　堀内和夫・桂木悠美子著

例 解 化 学 事 典

14040-1　C3543　　　　A 5判　320頁　本体8200円

化学の初歩的なことから高度なことまで，例題を解きながら自然に身につくように構成されたユニークなハンドブック。例題約150のほか図・表をふんだんにとり入れてあるので初学者の入門書として最適。〔内容〕化学の古典法則／物質量(モル)／化学式と化学反応式／原子の構造／化学結合／周期表／気体／溶液と溶解／固体／コロイド／酸，塩基／酸化還元／反応熱と熱化学方程式／反応速度／化学平衡／遷移元素と錯体／無機化合物／有機化合物／天然高分子化合物／合成高分子

前東工大 鈴木周一・前理科大 向山光昭編

化学ハンドブック（新装版）

14071-1　C3043　　　　B 5判　1056頁　本体29000円

物理化学から生物工学などの応用分野に至るまで広範な化学の領域を網羅して系統的に解説した集大成。基礎から先端的内容まで，今日の化学が一目でわかるよう簡潔に説明。各項目が独立して理解できる事典的な使い方も出来るよう配慮した。〔内容〕物理化学／有機化学／分析化学／地球化学／放射化学／無機化学・錯体化学／生物化学／高分子化学／有機工業化学／機能性有機材料／有機・無機(複合)材料の合成・物性／医療用高分子材料／工業物理化学／他。初版1993年

D.M.コンシディーヌ編
今井淑夫・中井　武・小川浩平・
小尾欣一・柿沼勝己・脇原将孝監訳

化　学　大　百　科

14045-2　C3543　　　　B 5判　1072頁　本体58000円

化学およびその関連分野から基本的かつ重要な化学用語約1300を選び，アメリカ，イギリス，カナダなどの著名化学者により，化学物質の構造，物性，合成法や，歴史，用途など，解りやすく，詳細に解説した五十音配列の事典。Encyclopedia of Chemistry(第 4 版，Van Nostrand社)の翻訳。〔収録分野〕有機化学／無機化学／物理化学／分析化学／電気化学／触媒化学／材料化学／高分子化学／化学工学／医薬品化学／環境化学／鉱物学／バイオテクノロジー／他

くらしき作陽大 馬淵久夫編

元　素　の　事　典

14044-4　C3543　　　　A 5判　324頁　本体7800円

水素からアクチノイドまでの各元素を原子番号順に配列し，その各々につき起源・存在・性質・利用を平易に詳述。特に利用では身近な知識から最新の知識までを網羅。「一家庭に一冊，一図書館に三冊」の常備事典。〔特色〕元素名は日・英・独・仏に，今後の学術交流の動向を考慮してロシア語・中国語を加えた。すべての元素に，最新の同位体表と元素の数値的属性をまとめたデータ・ノートを付す。多くの元素にトピックス・コラムを設け，社会的・文化的・学問的な話題を供する

前学習院大 髙本　進・前東大 稲本直樹・
前立教大 中原勝儼・前電通大 山崎　昶編

化　合　物　の　辞　典

14043-6　C3543　　　　B 5判　1008頁　本体55000円

工業製品のみならず身のまわりの製品も含めて私達は無機，有機の化合物の世界の中で生活しているといってもよい。そのような状況下で化学を専門としていない人が化合物の知識を必要とするケースも増大している。また研究者でも研究領域が異なると化合物名は知っていてもその物性，用途，毒性等までは知らないという例も多い。本書はそれらの要望に応えるために，無機化合物，有機化合物，さらに有機試薬を含めて約8000化合物を最新データをもとに詳細に解説した総合辞典

東大 梅澤喜夫編

化 学 測 定 の 事 典
―確度・精度・感度―

14070-3 C3043　　　Ａ５判 352頁 本体9500円

化学測定の3要素といわれる"確度""精度""感度"の重要性を説明し，具体的な研究実例にてその詳細を提示する。〔実験例内容〕細胞機能(石井由晴・柳田敏雄)／プローブ分子(小澤岳昌)／DNAシーケンサー(神原秀記・釜堀政男)／蛍光プローブ(松本和子)／タンパク質(若林健之)／イオン化と質量分析(山下雅道)／隕石(海老原充)／星間分子(山本智)／火山ガス化学組成(野津憲治)／オゾンホール(廣田道夫)／ヒ素試料(中井泉)／ラマン分光(浜口宏夫)／STM(梅澤喜夫・西野智昭)

日本分析化学会編

分 離 分 析 化 学 事 典

14054-1 C3543　　　Ａ５判 488頁 本体18000円

分離，分析に関する事象や現象，方法などについて，約500項目にまとめ，五十音順配列で解説した中項目の事典。〔主な項目〕界面／電解質／イオン半径／緩衝液／水和／溶液／平衡定数／化学平衡／溶解度／分配比／沈殿／透析／クロマトグラフィー／前処理／表面分析／分光分析／ダイオキシン／質量分析計／吸着／固定相／ゾル-ゲル法／水／検量線／蒸留／インジェクター／カラム／検出器／標準物質／昇華／残留農薬／データ処理／電気泳動／脱気／電極／分離度／他

日本分析化学会編

機 器 分 析 の 事 典

14069-X C3543　　　Ａ５判 360頁 本体12000円

今日の科学の発展に伴い測定機器や計測技術は高度化し，測定の対象も拡大，微細化している。こうした状況の中で，実験の目的や環境，試料に適した機器を選び利用するために測定機器に関する知識をもつことの重要性は非常に大きい。本書は理工学・医学・薬学・農学等の分野において実際の測定に用いる機器の構成，作動原理，得られる定性・定量情報，用途，応用例などを解説する。〔項目〕ICP-MS／イオンセンサー／走査電子顕微鏡／等速電気泳動装置／超臨界流体抽出装置／他

前筑波大 安藤 亘編著

有 機 化 合 物 事 典

14032-0 C3543　　　Ｂ６判 216頁 本体5500円

実験室や化学産業で使われる主要な化合物約240についてその化学式，性質，製法，用途などを解説した。バクテリアや酵素，ホルモンなどの天然・生体由来の物質や，鎮痛薬，人工芝など生活に身近な化合物などについても一般の人たちにも理解できるよう平易に解説した。中学・高校教師から研究者までの必携書。〔内容〕有機化合物の由来／天然・生体由来化合物／脂肪族系化合物／芳香族系化合物／高分子系化合物／生活の中の有機化合物(殺虫剤，粘着テープ，化学ゾウキン，他)

古賀 元・古賀ノブ子・安藤 亘著

有 機 化 学 用 語 事 典

14037-1 C3543　　　Ａ５判 468頁 本体8800円

有機化学で使う用語約830を体系的に配列し，反応式・構造式も示しながら詳しく解説。その術語の語源や背景，さらには物質や事項にまつわる研究者の略歴や業績なども注記したユニークなハンドブック。この一冊で有機化学への知識がより深まる。学生・研究者の座右の書。〔内容〕分子と分子構造／化学結合の基礎理論／化合物の種別名称・命名法／分子のかたち／酸・塩基／イオンと反応中間化学種／熱力学・化学反応論／有機反応機構／人名反応／試薬と特有名称反応・試薬

G.ウィルキンソン・F.G.A.ストーン・E.W.アベル編　有機金属化学事典編集委員会監訳

有機金属化学事典　―遷移金属―

25232-3 C3558　　　Ａ４判 2752頁 本体280000円

有機金属化学研究の世界的名著Comprehensive Organometallic Chemistry(1982年，Pergamon社)の日本語版。遷移金属を中心に全9巻中5巻分を全1巻に翻訳。遷移金属がもつ特有の構造・性質・反応の概要把握と一次情報検索のための座右書。〔内容〕有機不飽和分子と遷移金属との結合／有機金属化合物のnon-rigid性／スカンジウム，イットリウム，ランタノイド，アクチノイド／チタン／ジルコニウム，ハフニウム／バナジウム／ニオブ，タンタル／クロム／モリブデン／他

秋田県大 鈴木昭憲・東農大 荒井綜一編

農芸化学の事典

43080-9 C3561　　B5判 904頁 本体38000円

農芸化学の全体像を俯瞰し、将来の展望を含め、単に従来の農芸化学の集積ではなく、新しい考え方を十分取り入れ新しい切り口でまとめた。研究小史を各章の冒頭につけ、各項目の農芸化学における位置付けを初学者にもわかりやすく解説。〔内容〕生命科学／有機化学(生物活性物質の化学、生物有機化学における新しい展開)／食品科学／微生物科学／バイオテクノロジー(植物,動物バイオテクノロジー)／環境科学(微生物機能と環境科学、土壌肥料・農地生態系における環境科学)

前お茶の水大 小林彰夫・武蔵大 齋藤 洋監訳

天然食品・薬品・香粧品の事典

43062-0 C3561　　B5判 552頁 本体26000円

食品、薬品、香粧品に用いられる天然成分267種および中国の美容・健康剤23種について、原料植物、成分組成、薬効・生理活性、利用法、使用基準等を記述。各項目ごとに入手しやすい専門書と最近の新しい学術論文を紹介。健康志向の現代にまさにマッチした必備図書。〔項目〕アセロラ／アボガド／アロエ／カラギーナン／甘草／枸杞／コリアンダー／サフラン／麝香／ジャスミン／ショウガ／ステビア／セージ／センナ／ターメリック／肉桂／乳香／ニンニク／パセリ；芍薬／川弓など

国立保健医療科学院 丹後俊郎・
日本イーライリリー 上坂浩之編

臨床試験ハンドブック
— デザインと統計解析 —

32214-3 C3047　　A5判 772頁 本体26000円

ヒトを対象とした臨床研究としての臨床試験のあり方、生命倫理を十分考慮し、かつ、科学的に妥当なデザインと統計解析の方法論について、現在までに蓄積されてきた研究成果を事例とともに解説。〔内容〕種類／試験実施計画書／無作為割付の方法と数理／目標症例数の設計／登録と割付／被験者の登録／統計解析計画書／無作為化比較試験／典型的な治療・予防領域／臨床薬理試験／グループ逐次デザイン／非劣性・同等性試験／薬効評価／不完全データ解析／メタアナリシス／他

前東薬大 宮崎利夫・前北里大 朝長文彌編

薬　の　事　典

10178-3 C3540　　A5判 804頁 本体22000円

近年、効果的な新薬が次々に開発され、薬物の治療への貢献は多大なものがある。反面、適正使用を欠いた結果として薬害を引き起こし、社会問題ともなっている。本書は、総論で"薬"の歴史から区分、働き、安全性など、各論で各疾患別の治療薬を解説し、薬学・医療関係者だけでなく、広く一般の人々にも理解できる"薬"の総合事典である。〔内容〕薬の成立ち／区分／認可・規制・流通／働きと副作用／安全性と薬害／心臓と血管に働く薬、抗癌剤など各疾患別治療薬

日本ビタミン学会編

ビタミンの事典

10142-2 C3540　　A5判 544頁 本体22000円

ビタミンは長い研究の歴史をもっているが、近年の健康志向とあいまって、新しい視点から注目されるようになり、一種のブームともなっている。こうした現状を踏まえ、最新の知見を取り入れ、ビタミンのすべてを網羅した総合事典。〔内容〕ビタミンA／カロテノイド／ビタミンD／ビタミンE, K, B_1, B_2, B_6／ナイアシン／パントテン酸／葉酸／ビオチン／ビタミンB_{12}／関連化合物(ユビキノン、ビオプテリン、イノシトール、コリン、ピロロキノリンキノン)

富山医科薬科大学和漢薬研究所編
元富山医科薬科大 難波恒雄監修

和　漢　薬　の　事　典

34008-7 C3547　　A5判 432頁 本体15000円

和漢薬(生薬)は民間のみならず医療の現場でも広く用いられているにもかかわらず、副作用がない、他薬品との忌避はない、などの誤解が多い分野でもある。本書は、和漢薬を有効に、かつ安全に処方・服用してもらうために、薬剤師を中心として和漢薬に興味を有する人たちのための、薬種別の事典である。古典籍を紹介する【出典】植物学的な【基源】【産地】、構造式を交じえた化学的な【成分】、薬学的な【薬理作用】【臨床応用】【処方例】【用法・用量】などの欄を、項目ごとに設けた。

前東薬大 宮崎利夫編 **多糖の構造と生理活性** 31068-4 C3047　A5判 228頁 本体5800円	動植物・微生物を構成する多糖の新しい生理活性を解説。〔内容〕菌類のβ-グルカン／酵母マンナン／植物性粘質多糖／和漢薬の多糖(にんじん・当帰・薏苡仁・紫根など)／キチン質とその水溶性キトオリゴ糖
東邦大 寺田勝英・共立薬大 福島紀子編著 シリーズ医療薬学1 **医療薬学総論** 36221-8 C3347　B5判 144頁 本体3800円	医療を提供する一員である薬剤師の役割を解説。〔内容〕医療薬学の立脚点／医療提供の理念／医療提供制度／地域開局薬局における薬剤師の役割／病院・診療所における薬剤師の役割／医薬品の開発と統計学／医薬品の開発／薬学の成り立ち
千葉大病院 北田光一・東邦大 百瀬弥寿徳編 シリーズ医療薬学2 **薬物治療学** 36222-6 C3347　B5判 136頁 本体4000円	薬物教育における薬物治療学を、疾患を正しく理解し、どの薬物を選択するかを主眼に解説。〔内容〕序論／中枢神経、感覚疾患／循環、呼吸器、腎疾患、消化器、内分泌疾患／アレルギー、炎症、骨関節疾患／血液および造血器疾患／癌と悪性腫瘍
東邦大 後藤佐多良編著 シリーズ医療薬学3 **病態生化学** 36223-4 C3347　B5判 184頁 本体4700円	疾病と生化学の係わりについて平易に解説した教科書。〔内容〕オルガネラと疾病／タンパク質と疾病／酵素と病態／中間代謝(糖代謝・脂質代謝・アミノ酸代謝・ヌクレオチド代謝)と疾病／核酸と疾病／血液系の疾患／ホルモンと疾病／免疫と疾病
順天堂大浦安病院 小清水敏昌編著 シリーズ医療薬学4 **医薬品情報学** 36224-2 C3347　B5判 192頁 本体4700円	今後の薬剤師業務の基礎となる医薬品情報の基礎を薬学生に分かりやすく解説。〔内容〕医薬品と情報、情報源、情報の収集と管理／評価／検索と提供／PL法／医薬品機関と情報業務／図書館における調査／業務の実際／ホームページ一覧
青森大 須賀哲弥編著 薬学必携1 **病態生理化学** 34051-6 C3347　B5判 256頁 本体5400円	疾患や病態を生化学や生理学的に解説し、薬学領域に学ぶ者に必要不可欠の臨床医学の基礎を提供する教科書。〔内容〕肝・胆道系／腎臓／血液／内分泌／免疫系／結合組織／消化器系／炎症／代謝病／先天性代謝異常／がんの生化学
前北里大 山田秀雄編 薬学必携2 **薬剤学Ⅰ —調剤・製剤—** 34052-4 C3347　B5判 160頁 本体4600円	医薬品を有効・安全に使いこなすための実務教育的色彩の強い調剤・製剤を入門的に解説。〔内容〕薬剤師／医療品／製剤／調剤／治療薬物モニタリング／医薬品情報／製剤調整法(散剤、顆粒剤、錠剤、液剤、注射剤、輸液、貼付剤、他)
帝京大 池上四郎・前東邦大 村上泰興編著 薬学必携3 **有機化学** 34053-2 C3347　B5判 336頁 本体6700円	薬学領域で必須科目の有機化学を、構造・反応・合成などの基礎的内容を重点におき、さらに、複素環、生体成分などにも触れた教科書。〔内容〕分子の構造と形／反応／合成／複素環の性質／生体成分／構造決定法／他(不斉合成、光化学等)
城西大 鮫島啓二郎編著 薬学必携4 **定量分析化学** 34054-0 C3347　B5判 264頁 本体5800円	最新の薬局方に基づき、薬学教育の基礎科目である定量分析化学についてわかりやすく解説したテキスト。〔内容〕定量分析概論／重量分析／容量分析(中和滴定・非水滴定・キレート滴定・沈殿滴定・酸化還元滴定)／機器定量分析／他
東邦大 重信弘毅編著 薬学必携5 **薬理学** 34055-9 C3347　B5判 288頁 本体6500円	新カリキュラム、国試対応の教科書。〔内容〕自律神経系／運動神経と骨格筋に作用する薬物／局所麻酔薬／中枢神経系／循環系／血液作用薬／オータコイド／消化器系／呼吸器系／平滑筋／腎臓作用薬／抗炎症薬／免疫系作用薬／医薬品の副作用
前昭和大 濱田 昭編著 薬学必携6 **公衆・衛生化学** 34056-7 C3347　B5判 288頁 本体6200円	公衆衛生学、衛生化学の基礎的事項を平易に解説した教科書。〔内容〕健康と疾病／保健統計／疫学／予防と管理／栄養素と食品の化学／食品と疾病・癌／食品汚染物・添加物／化学物質と生態系／水環境／空気と大気汚染／公害と廃棄物処理
東京大学大学院応用生命化学・応用生命工学専攻編 **実験応用生命化学** 43058-2 C3061　B5判 288頁 本体9500円	学生のための実験書。〔内容〕化学実験基礎操作／無機成分分析法／土壌実験法／低分子有機化合物取扱い法／生体高分子物質取扱い法／アイソトープ実験法／応用微生物学実験法／植物試験法／動物取扱い法／生物素材の工学的取扱い／他

著者・所属	書誌情報	内容紹介
分子研 中村宏樹著 朝倉化学大系 5 **化学反応動力学** 14635-3 C3343　A5判 324頁 本体6000円		本格的教科書〔内容〕遷移状態理論／散乱理論の基礎／半古典力学の基礎／非断熱遷移の理論／多次元トンネルの理論／量子論・古典及び半古典論／機構の理解／反応速度定数の量子論／レーザーと化学反応／大自由度系における統計性と選択性
兵庫県立大 奥山　格・立教大 山高　博著 朝倉化学大系 7 **有機反応論** 14637-X C3343　A5判 308頁 本体5500円		上級向け教科書。〔内容〕有機反応機構とその研究／反応のエネルギーと反応速度／分子軌道法と分子間相互作用／溶媒効果／酸・塩基と求電子種・求核種／反応速度同位体効果／置換基効果／触媒反応／反応経路と反応機構／電子移動と極性反応
前九大 大川尚士著 朝倉化学大系 9 **磁性の化学** 14639-6 C3343　A5判 212頁 本体4300円		近年飛躍的に進展している磁気化学のシニア向け教科書〔内容〕磁性の起源と磁化率の式／自由イオン／結晶場の理論／球対称結晶場における金属イオンの磁性／軸対称性金属錯体の磁性／遷移金属錯体の磁性／多核金属錯体の磁性／分子性磁性体
東北大 山下正廣・東工大 榎　敏明著 朝倉化学大系 15 **伝導性金属錯体の化学** 14645-0 C3343　A5判 208頁 本体4300円		前半で伝導と磁性の基礎について紹介し、後半で伝導性金属錯体に絞って研究の歴史にそってホットなところまで述べた教科書。〔内容〕配位化合物結晶の電子・磁気物性の基礎／伝導性金属錯体（d-電子系錯体から、σ-d複合電子系錯体まで）
山口東理大 戸嶋直樹・前東工大 遠藤　剛・ 東工大 山本隆一著 先端材料のための新化学 3 **機能高分子材料の化学** 25563-2 C3358　A5判 232頁 本体4300円		今や高分子材料の機能は化学だけでなく機械・電気・情報・環境・生物・医学など広範囲に結びついている。〔内容〕序論／機能高分子材料の設計／高分子反応と機能性高分子／物理機能高分子／光・電子機能高分子
首都大 伊与田正彦編著 先端材料のための新化学 4 **材料有機化学** 25564-0 C3358　A5判 244頁 本体4200円		分子間の弱い相互作用により形成される有機化合物について機能材料として用いる場合の基礎から実際までを解説。〔内容〕有機化合物の結合と性質／物性有機化学の基礎／機能性色素／液晶／EL素子／有機電導体／有機磁性／ナノマシーン／他
早大 逢坂哲彌・東工大 山﨑陽太郎・名市大 奥戸雄二著 先端材料のための新化学 9 **半導体の化学** 25569-1 C3358　A5判 200頁 本体3800円		化学系の大学3、4年生、大学院生、さらに研究開発に携わる人に、半導体の理論から実際面までを解説。〔内容〕半導体の基礎／半導体デバイスの基礎概念と半導体デバイス／半導体集積回路プロセス技術／半導体材料における最近の話題
早大 逢坂哲彌・横国大 太田健一郎・東農工大 松永　是著 先端材料のための新化学 11 **材料電気化学** 25571-3 C3358　A5判 272頁 本体4900円		電気化学の基礎、応用や材料について解説。〔内容〕電気化学システム／電気化学の基礎／電気化学システム材料／電池と材料／電解プロセスと材料／表面処理と機能メッキ／化学センサと材料／機能膜とドライプロセス／生物電気化学と材料／他
奥　彬・園田　昇・柳　日馨・鳥居　滋・ 内本喜一朗・檜山為次郎・山近　洋・高畠哲彦著 応用化学講座 4 **有機合成化学** 25534-9 C3350　A5判 264頁 本体5200円		〔内容〕有機合成基礎（イオン反応，ラジカル反応，炭素環構造，不斉合成反応，他）／有機工業化学／有機電解化学（炭素・炭素結合，炭素・ヘテロ結合，他）／有機金属化学（遷移金属，典型元素，他）／コンピュータによる有機合成／他
筑波大 内島俊雄・物質研 水田　進編著 応用化学講座 6 **応用物性化学** 25536-5 C3350　A5判 248頁 本体4600円		セラミクス、半導体レーザー、太陽電池、超伝導体、吸着材などの更なる発展のためにその化学的物性を詳述する。〔内容〕熱的物性を利用する材料／機械的物性を利用する材料／電子，磁気，光物性を利用する材料／化学的機能を利用する材料
前京大 小林四郎編著 応用化学講座 7 **高分子材料化学** 25537-3 C3350　A5判 260頁 本体4800円		脚光を浴びる高分子材料について「反応」と「材料」の観点から手際よく解説。〔内容〕高分子材料合成／ゴム・塗料・接着剤／樹脂材料／繊維・フィルム材料／ポリマーアロイ／電子・電気・磁気材料／光機能材料／分離機能材料／生医学材料
京大 木村　光・京大 村田幸作編 応用化学講座 12 **遺伝子工学** 25542-X C3350　A5判 212頁 本体3300円		〔内容〕遺伝子工学の原理とその展開／宿主ベクター系の開発と形質転換／目的酵素タンパク質の遺伝子の取得／遺伝子の発現／各種生物機能をもった細胞の育種とその利用／安全性の評価（育種生物の自然界への放出と工業化指針）

上記価格（税別）は2006年4月現在